QU'EST-CE QUE LA NÉCESSITÉ ?

COMITÉ ÉDITORIAL

CHEMINS PHILOSOPHIQUES

Collection dirigée par Roger POUIVET

Jean-Pascal ANFRAY

QU'EST-CE QUE LA NÉCESSITÉ ?

Paris

LIBRAIRIE PHILOSOPHIQUE J. VRIN

6, place de la Sorbonne, Vᵉ

2009

ARISTOTE, *Métaphysique*, trad. fr. J. Tricot
© Paris, Vrin, 2000

DESCARTES, *Lettre à Mesland*, dans *Œuvres Complètes*, tome IV,
P. Adam et A. Tannery (éds.)
© Paris, Vrin, 1996

© *Librairie Philosophique J. VRIN,* 2009

Imprimé en France
ISSN 1762-7184
ISBN 978-2-7116-2176-7

www.vrin.fr

QU'EST-CE QUE LA NÉCESSITÉ ?

INTRODUCTION

Au cours d'une partie d'échecs, les noirs sont en échec et le roi, qu'aucune pièce ne protège, a une seule case de fuite. Imaginons une variante de cette première situation dans laquelle le roi peut être protégé par son fou ou bien se déplacer sur la même case que dans la première situation. Supposons par ailleurs que le joueur ne veuille pas sacrifier son fou. La description du mouvement du roi est la même dans les deux cas. Cependant cette identité occulte une importante différence. Le mouvement du roi était le seul coup possible dans le premier cas, autrement dit, il était nécessaire. Le joueur avait en revanche plusieurs coups possibles dans le second. Celui qu'il a choisi n'était donc pas nécessaire. Pour le choix du joueur, les deux situations sont donc très différentes. La *nécessité*, la *possibilité*, et leurs opposés respectifs – la *contingence* et l'*impossibilité* – relèvent de la modalité. Ces notions expriment en effet un certain mode. Dans l'exemple précédent, le mouvement du roi dans le premier cas de figure se fait selon le mode de la nécessité, et, dans le second, selon le mode de la contingence, car un autre mouvement est lui-même possible.

Cet exemple montre clairement l'importance des modalités dans la délibération et la prise et décision.

Le domaine pratique n'est cependant pas le seul où les modalités exercent un rôle. Ainsi, la différence entre un joueur d'échecs et celui qui ne sait pas jouer aux échecs (parce qu'il en ignore les règles), ne tient pas seulement à ce que l'un, mais pas l'autre, joue aux échecs à certains moments. Même dans l'hypothèse invraisemblable d'un joueur d'échecs qui ne jouerait aucune partie réelle, nous distinguerions néanmoins les deux individus, en ce que l'un peut jouer aux échecs et l'autre ne le peut pas. Cette capacité du joueur d'échecs, dont est dépourvu celui qui ignore le jeu, est ce que les philosophes appellent une disposition. De nombreux concepts expriment des dispositions. Ainsi les propriétés manifestes du verre – transparence, dureté, etc., aussi appelées propriétés catégoriques – ne suffisent pas à définir le concept de celui-ci. Il inclut d'autres propriétés, telle la fragilité, qui ne sont pas directement observables. Ainsi, la fragilité du verre ne se manifeste que s'il se brise lorsqu'on le laisse tomber. Mais nous ne voulons pas simplement dire qu'il se brisera à un moment ou un autre, nous pensons plutôt que dans telles circonstances, qu'elles soient actuelles ou simplement possibles, il se comporterait de telle manière. Ainsi, à première vue, les prédicats dispositionnels nous font sortir du domaine de ce qui est effectif ou actuel. Les notions modales sont ainsi d'un usage fréquent dans nos jugements et raisonnements naturels [1].

---

1. La grammaire de nombreuses langues en est une excellente preuve. La plupart des langues indo-européennes ont recours à des modes spécifiques (subjonctif, conditionnel ou optatif) pour rendre compte des modalités en ce qu'elles diffèrent de la simple actualité, exprimée par l'indicatif. Et parfois,

Mais la nécessité et les autres modalités ont aussi un rôle central en philosophie. Ainsi, en logique, un argument déductif est valide lorsque la conclusion est nécessairement vraie si les prémisses le sont. Considérons les deux inférences suivantes :

A	B
Tous les hommes sont mortels	Tous les hommes vertueux sont heureux
Socrate est un homme	Socrate est heureux
Donc Socrate est mortel	Donc Socrate est vertueux

On suppose que les prémisses et la conclusion de chacun de ces arguments sont vraies. Pourtant A est valide, alors que B ne l'est pas. La raison est la suivante : alors qu'il est impossible que les prémisses de A soient vraies et la conclusion fausse, on peut en revanche concevoir une situation dans laquelle les prémisses de B sont vraies et la conclusion fausse. C'est le cas, par exemple, si Socrate, au lieu d'être vertueux et heureux était heureux tout en menant une vie de débauche. Dans B, il est *possible* que les prémisses soient vraies et la conclusion fausse ou encore il n'est *pas nécessaire* que la conclusion soit vraie si les prémisses le sont. Ainsi, la notion de nécessité paraît indispensable à la définition du concept central de la logique, celui de validité. Nous précisons « paraît », parce que cela correspond à la conception intuitive de ce qu'est une conséquence logique. Certes, la conception « orthodoxe » de la conséquence logique, issue des réflexions de Frege, Russell et Tarski, s'efforce de substituer la notion de préservation de la vérité

---

comme en allemand ou en anglais, la syntaxe des verbes modaux (*can, may, might, muß, soll, kann*, etc.) les apparente à des auxiliaires.

à la nécessité : une forme d'argument est valide si, quelle que soit l'interprétation des lettres schématiques, on n'a pas un ensemble de prémisses vraies et une conclusion fausse. Mais la disparition de la modalité est apparente seulement, puisque la notion d'interprétation permiss*ible* est elle-même modale [1].

Le problème du déterminisme et de l'indéterminisme est une autre manifestation de l'indispensabilité des notions modales. Selon le déterminisme, tout événement est déterminé, ce qui signifie que l'existence de tout événement est nécessaire étant donnés les lois de la nature et l'état de l'univers à un moment donné. D'après l'indéterminisme au contraire, l'existence de certains événements n'est pas déterminée de la sorte. Une conséquence de l'indéterminisme est qu'un événement qui ne s'est pas produit n'est pas pour autant impossible. Comme on le voit, sans la notion de nécessité, le problème ne peut même plus se formuler. En effet sans les modalités, une description complète de l'univers ne permettrait pas de décider si, étant donné telles conditions initiales et telles lois de la nature, tel événement *devait* se produire et, à l'inverse, l'idée d'un événement possible mais non réalisé n'aurait pas de sens. Donc, en se privant de la notion de nécessité, on ne peut donner de signification ni au déterminisme ni à l'indéterminisme.

Cependant, en dépit de leur caractère apparemment indispensable au sens commun comme à l'entendement théorique, les modalités en général, et la nécessité en particulier, gardent quelque chose d'insaisissable, que Kant résume avec force : « L'expérience nous enseigne bien que quelque chose est fait

---

1. *Cf.* S. Read, *Thinking About Logic*, Oxford, Oxford UP, 1995, chap. 2 ; P. Engel, *La norme du vrai. Philosophie de la logique*, Paris, Gallimard, 1989.

ainsi ou autrement, mais non que ce ne puisse être autrement »
(*Critique de la raison pure*, Introduction § II, B3). On
n'observe jamais la nécessité, précisément parce qu'elle sort
du cadre de ce qui est actuel. Cela rejoint les réflexions de
Hume sur la nécessité causale. Je peux observer le mouvement
d'une première boule de billard ainsi que le mouvement consé-
cutif d'une seconde boule de billard, mais je ne peux nullement
observer la connexion nécessaire entre le premier mouvement
et le second, qui devrait pourtant exister s'il y avait une causalité réelle à l'œuvre entre ces deux mouvements [1]. La connaissance des modalités paraît ainsi reposer sur d'autres ressources
cognitives que les données de nos sens. Aussi les modalités
représentent-elles un mystère pour les empiristes, d'après
lesquels les données sensibles sont la source exclusive de
justification de nos croyances. S'il y a des faits concernant les
modalités, ils semblent inconnaissables d'après les critères
empiristes de la connaissance. L'empirisme conduit ainsi
naturellement à un scepticisme à l'égard des modalités, scepticisme qui se transforme à son tour en méfiance. Si nous ne
pouvons observer de faits modaux, c'est peut-être qu'il n'y en
a tout simplement pas, qu'ils résultent d'une illusion. Ainsi,
nous pensons naturellement que le verre est fragile. Mais la
fragilité du verre n'est peut-être pas une propriété réelle de
celui-ci. Elle serait le nom que nous donnons à une croyance
complexe, à savoir que ce morceau de matière a telle composition chimique et que des matériaux ayant une composition
chimique ressemblante se brisent lorsqu'ils tombent d'une
certaine hauteur. Les termes dispositionnels seraient employés

---

1. *Cf.* Hume, *Enquête sur l'entendement humain*, sec. VII, 1re partie.

pour marquer notre ignorance relative. Ils ne figureraient plus
dans une description du monde exprimée dans un langage
strictement scientifique[1]. On pourrait élargir à l'ensemble des
notions modales cette méfiance théorique qui les tient pour des
marques d'une connaissance imparfaite.

L'existence de faits modaux n'est pas seulement mysté-
rieuse pour des raisons épistémologiques. Elle l'est aussi d'un
point de vue strictement métaphysique. De ce point de vue,
c'est la notion de nécessité qui pose le plus de difficultés. Il est
nécessaire que le roi se meuve de telle façon dans notre
exemple initial. La nécessité consiste ici dans le caractère
inexorable de ce mouvement. Mais ce caractère lui-même a
une source identifiée : ce sont les règles du jeu d'échecs.
La nature contraignante de la nécessité s'explique ici par la
source de celle-ci, qui est une norme, à savoir la règle qui
s'applique à telle situation. Mais quelle est la source de la
nécessité naturelle par laquelle le verre se brise si on le fait
chuter de telle hauteur ? On pense à la structure du verre et aux
lois de la nature. Cette idée, lorsqu'elle acquiert son sens
physique au cours du XVIIᵉ siècle, a pour fonction de rendre
compte de la nécessité naturelle. L'origine juridique et théologique de cette notion est loin d'être neutre à cet égard. Si les
lois de la nature nécessitent les phénomènes naturels, c'est
parce qu'elles sont les décrets d'un législateur tout-puissant,
Dieu. Ainsi chez Descartes, ce qui demeure invariant dans les
différents mouvements des corps – les lois de la nature, dont
les deux premières constituent le principe d'inertie – d'une

---

1. *Cf.* W.V.O. Quine dans « Necessary Truth », dans *The Ways of Paradox and other Essays*, Harvard, Harvard UP, 1976[2].

part constitue la cause et l'explication de ces mêmes mouvements et d'autre part est fondé sur l'immutabilité divine[1]. Le
recours aux lois de la nature s'avère ainsi ambigu. Postuler un
législateur divin permet certes d'expliquer la nécessité naturelle, mais à condition d'admettre que les sciences exigent un
fondement théologique, ce qui ne paraît guère acceptable. Mais
d'un autre côté, en l'absence d'un fondement transcendant, il
devient difficile de rendre compte du caractère *contraignant*
de la nécessité naturelle. Qu'en est-il, en outre, de la nécessité
logique ? Pour le demander à la manière de Wittgenstein, d'où
vient la dureté du « doit » logique[2] ? Nous sommes confrontés
ici à un dilemme. Ou bien nous disons que la norme logique est
à penser sur le modèle des règles d'un jeu. Mais dans ce cas,
nous devrions tenir la logique elle-même pour un ensemble de
règles arbitrairement stipulées. Or nous ne disposons pas à
première vue de la même liberté à l'égard du principe de
contradiction qu'à l'égard de telle règle des échecs. Nous ne
parvenons pas en effet à concevoir une situation dans laquelle
deux propositions contradictoires sont vraies. En revanche,
nous pouvons concevoir une version du jeu d'échecs dans
laquelle les pions prennent par exemple les pièces situées face
à eux. Mais en reconnaissant le caractère inexorable de la
logique pour l'esprit humain, nous ne pouvons plus identifier
la nécessité logique au respect d'une norme.

---

1. Descartes, *Le Monde*, chap. 7; *Discours de la méthode*, chap. 5;
Principes de la philosophie II, § 36-40. Pour une analyse radicalement critique
de la notion de loi de la nature, *cf.* B. Van Fraassen, *Lois et symétries*, trad. fr.,
Paris, Vrin, 1994.

2. Wittgenstein, *Remarques sur les fondements des mathématiques*,
trad. fr., Paris, Gallimard, 1983, I, § 121.

Avant de poursuivre la discussion de ces problèmes, il convient de mieux préciser ces notions. Comment définir la nécessité ? C'est une entreprise délicate dans la mesure où bien des définitions proposées s'avèrent assez rapidement circulaires. On trouve ainsi chez Aristote la définition suivante :

> Quand une chose ne peut pas être autrement qu'elle n'est, nous disons qu'il est nécessaire qu'il en soit ainsi. Et de cette nécessité dérive, en quelque sorte, toute autre nécessité [1].

Prise au sens littéral, cette définition est circulaire : il suffit de substituer leur définition aux expressions « ce qui ne peut être autrement » et « ce dont le contraire est impossible ». Est impossible en effet ce qui nécessairement n'est pas (*Mét.* Δ, 12, 1019b23-24). Ainsi la définition de l'impossibilité contient celle de la nécessité. Aussi bien, une telle définition n'apporterait une réelle information qu'à celui qui penserait maîtriser le concept d'impossibilité, mais pas encore celui de nécessité, situation peu vraisemblable. Ceci peut surprendre de la part d'Aristote, qui, le premier, a défini systématiquement les relations entre les modalités sous la forme d'un carré logique, dans le traité *De l'interprétation* (chapitres 12 et 13).

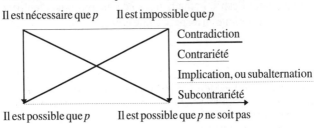

Il est nécessaire que *p*   Il est impossible que *p*

Contradiction

Contrariété

Implication, ou subalternation

Subcontrariété

Il est possible que *p*   Il est possible que *p* ne soit pas

---

1. *Métaphysique* Δ, 5, 1015a33-35, trad. fr. J. Tricot, Paris, Vrin, 2000.

Les relations du carré modal permettent de définir toutes les modalités à partir d'un opérateur primitif arbitrairement choisi. En partant de la possibilité, on obtient :

Il est possible que $p = Mp$
Il est possible que non-$p = M{\sim}p$
Il est impossible que $p : {\sim}Mp$
Il est nécessaire que $p : {\sim}M{\sim}p$
Il est contingent que $p : Mp \,\&\, M{\sim}p$ [1].

Ainsi la définition d'une modalité à l'aide des autres modalités permet seulement de comprendre ses rapports logiques avec elles. S'il devait s'avérer que toute définition de la nécessité s'appuie sur une autre modalité, ce serait un indice de son caractère absolument inanalysable. À l'inverse, s'il est possible de donner une définition adéquate de la nécessité dans laquelle ne figure aucune expression modale, alors la nécessité est réductible à des notions non modales et ne constitue pas une caractéristique fondamentale de la réalité.

Afin cependant de ne pas préjuger de la possibilité d'une analyse réductive, il est préférable de commencer par circonscrire la notion en discernant notamment les types de nécessité, puis en distinguant celle-ci de notions voisines comme celles d'*a priori* et d'analytique. Nous serons en mesure ainsi d'en cerner la spécificité.

Nécessité de re *et* de dicto

Considérons les deux énoncés : « Aristote est humain » et « Aristote est un philosophe ». Ils sont tous deux vrais, mais

---

1. M signifie « il est possible »; ${\sim}$ est le signe de la négation; & celui de la conjonction. Ce que les médiévaux appelaient le contingent *ad utrumlibet* caractérise par exemple un futur non encore réalisé. Il n'a pas de place dans le carré modal simple.

pas de la même façon. Aristote est un philosophe, mais il aurait pu être un artisan ou un esclave par exemple. Être philosophe n'est pas une propriété nécessaire, mais contingente ou encore accidentelle, d'Aristote. Au contraire, il paraît, au moins au premier abord, qu'Aristote n'aurait pas pu ne pas être humain, ou que s'il cessait d'être humain, il cesserait d'exister. Être humain est, en ce sens, une propriété nécessaire ou essentielle d'Aristote. Dans ce cas, la modalité concerne le rapport de propriétés à un individu. On peut également dire que cette modalité concerne les propriétés modales des individus : Aristote possèderait ainsi la propriété d'être nécessairement humain et possiblement artisan. La modalité est dite alors *de re*, parce qu'elle se rapporte à la chose, à l'individu.

La modalité peut aussi s'appliquer à des propositions. Une proposition correspond à ce que signifie un énoncé déclaratif (une phrase proférée, un énoncé écrit), et à ce qui est l'objet d'une attitude propositionnelle, c'est-à-dire d'un état d'esprit tel que la connaissance, la croyance, le doute, etc. La nécessité est en effet, comme la vérité ou la fausseté, d'abord une propriété des propositions et en second lieu des énoncés. Ces derniers peuvent certes contenir des termes modaux, qu'il s'agisse de locutions verbales comme « il est nécessaire que », « il est possible que » ou d'adverbes comme « nécessairement », « possiblement », etc. Mais l'usage de ces tournures explicitement modales repose sur l'idée que *ce qui est signifié* par l'énoncé ou bien ce qui est connu, cru, douté, etc., autrement dit, la *proposition* est ce à quoi s'attribue la modalité. Lorsque celle-ci porte sur la proposition entière, on dit qu'elle est *de dicto*. L'énoncé « 2 + 2 = 4 » exprime une proposition nécessairement vraie, alors que l'énoncé « Aristote est un philosophe » exprime une proposition vraie de manière contingente. Si la modalité figure dans l'énoncé, elle portera sur l'énoncé assertorique tout entier : « Il est nécessaire que $2 + 2 = 4$ ».

La distinction *de re*/*de dicto* est un outil d'analyse philosophique important, entrevu par Aristote, puis systématiquement employé par les logiciens et philosophes médiévaux[1]. Ainsi, en discutant du problème de la compatibilité de la prescience divine avec la liberté humaine, Thomas d'Aquin considère l'énoncé suivant : « Tout ce qui est vu assis est nécessairement assis »[2]. Celui-ci est ambigu et susceptible de deux analyses distinctes. Ou bien il est interprété *de dicto* : a) « Il est nécessaire que ce qui est vu assis soit assis ». Ou bien la modalité est comprise *de re* : b) « Tout ce qui est vu assis est nécessairement assis ». La vérité de (a) est une simple conséquence du caractère véridique de la perception visuelle. En revanche (b) est manifestement faux, car il n'y a pas de raison de supposer qu'une chose vue assise par quelqu'un possède essentiellement la propriété d'être assise. De même, bien qu'il soit nécessairement vrai que tout célibataire soit un homme non-marié, il ne s'ensuit pas qu'un célibataire particulier possède la propriété d'être nécessairement non-marié. Ainsi la modalité *de re* implique la modalité *de dicto*, mais l'inverse n'est pas vrai. Dans la suite, nous nous intéresserons surtout à l'analyse de la modalité *de dicto*, parce qu'elle est plus simple

1. Aristote, *Réfutations sophistiques* chap. 4, 166a23-38. La distinction *de dicto/de re* se rattache historiquement à la distinction entre le sens composé et le sens divisé d'un énoncé complexe. *Cf.* S. Knuuttila, « Medieval Theories of Modality », *The Stanford Encyclopedia of Philosophy (Fall 2003 Edition)*, E.N. Zalta (ed.), http://plato.stanford.edu/archives/fall2003/entries/modality-medieval/; A. Plantinga, *The Nature of Necessity*, Oxford, Oxford UP, 1974, sur l'usage moderne de la distinction.

2. *Cf.* Thomas d'Aquin, *Somme contre les Gentils*, I, chap. 67, trad. fr. C. Michon, Paris, GF-Flammarion, 1999.

du point de vue de l'analyse logique. Cela n'exclut pas toutefois que la modalité *de dicto* ait un fondement dans la réalité et il se peut que la modalité *de re* soit métaphysiquement première.

Modalités épistémiques, déontiques et aléthiques

La notion de nécessité au sens où nous l'avons employée jusqu'ici se distingue d'autres notions, pourtant souvent associées, et notamment celles d'évidence et d'*a priori*. Ces dernières sont relatives à la connaissance, ce qui n'est pas le cas de la nécessité. Ce qui importe, avant toute conclusion substantielle sur la nature de la nécessité, c'est de montrer qu'il existe une différence conceptuelle entre la nécessité et ces différentes notions. Il est évident que $2 + 2 = 4$ parce qu'il n'y a aucune place pour le doute ou encore parce que, pour autant que nous le sachions, il est vrai que $2 + 2 = 4$: c'est ce que nous pourrions appeler une nécessité épistémique. De même : « Il se pourrait qu'il y ait des exoplanètes habitées » est synonyme de : « Pour autant que nous le sachions, rien n'exclut qu'il y en ait » et représente une possibilité épistémique, parce que cela n'est pas évident ou que nous pouvons en douter. Bien que dans les deux exemples précédents, l'évident coïncide avec le nécessaire et le non évident avec le contingent, on ne doit pas toutefois les identifier. La connaissance par chacun de sa propre existence est une certitude absolue, et elle est épistémiquement nécessaire, mais on ne pourrait en conclure que l'existence de chacun d'entre nous est nécessaire[1]. Ainsi, ce

---

1. La nécessité de « j'existe », reconnue par Descartes dans la *Seconde méditation*, est une nécessité relative pour l'énoncé proféré (ou la pensée

qui est évident peut être contingent. Réciproquement, ce qui est nécessaire peut ne pas être évident. Ainsi, supposons que nous élargissions la notion d'évidence de telle sorte que la conclusion d'une preuve déductive à partir de prémisses évidentes soit tenue pour évidente. En ce sens particulier, on pourrait espérer faire coïncider la nécessité et l'évidence au moins dans le champ des mathématiques. Mais le théorème de Gödel établit que tout système axiomatique spécifiable de manière finie, tout en étant suffisamment complexe, par exemple incluant tous les axiomes et symboles de l'arithmétique, et en même temps consistant, est nécessairement incomplet. Il existe des propositions vraies, mais indécidables, sur la base des axiomes du système, autrement dit telles qu'il est impossible de les déduire par une preuve à partir des axiomes du système. Or il est raisonnable d'affirmer qu'une proposition mathématique vraie est nécessairement vraie. Cela implique en conséquence qu'il y a des propositions nécessaires qui ne sont pas prouvables et donc non évidentes, au sens large.

Il faut également distinguer le nécessaire de l'*a priori* et le contingent de l'*a posteriori*. La notion d'*a priori* est elle-même délicate à définir. Dans son usage moderne, depuis Kant au moins, une connaissance *a priori* est définie négativement comme celle dont la justification est indépendante de l'expérience[1]. L'*a priori* concerne le mode de justification d'une croyance pour nous, tandis que la nécessité se rapporte à la nature de la vérité d'une proposition ou à la possession d'une propriété par une chose. Ainsi l'*a priori* dépend au moins partiellement de l'activité d'un sujet pensant, à la différence

actuelle) d'exprimer une proposition vraie étant donnée la signification des termes « je » et « existe ».

1. Cf. *Critique de la raison pure*, Introduction § I, B2-3.

du nécessaire : qu'il existe ou non des êtres aux ressources cognitives susceptibles de justifier le théorème de Pythagore, ce dernier n'en est pas moins nécessairement vrai. Ajoutons que la notion même d'*a priori* fait entrer dans sa définition une notion modale : une proposition *p* est connue *a priori* si *p* peut *être justifiée* indépendamment de toute donnée empirique. Par ailleurs, toute vérité nécessaire n'est pas connaissable *a priori*. Ainsi la conjecture de Goldbach, qui pose que tout nombre pair supérieur à 2 est la somme de deux nombres premiers, est un exemple de proposition que l'on peut vérifier *a posteriori* pour n'importe quel nombre particulier, mais que l'on n'est toujours pas parvenu à démontrer et dont nous n'avons donc pas de connaissance *a priori*[1]. Il y a ainsi une différence conceptuelle entre la nécessité et l'*a priori*.

Nous avons introduit l'idée de nécessité épistémique pour caractériser en termes modaux la notion d'évidence et l'avons distinguée de la nécessité au sens propre. Or il existe d'autres formes de modalités de ce type. Ainsi lorsque l'on dit « il est impossible de voter à une élection politique sans être majeur », l'impossibilité est relative à ce qui est légal. Plus généralement on appelle *modalités déontiques* ou *normatives* l'ensemble des modalités relatives à l'expression du devoir moral, de l'obligation légale, et l'ensemble des normes, ainsi qu'aux modalités corrélatives de ce qui est moralement et légalement permis. Une caractéristique centrale de la nécessité normative est qu'elle n'implique pas la réalité ou l'actualité de ce qui est nécessaire : même si c'est un devoir moral de ne pas mentir, il ne s'ensuit pas que personne ne ment. Réciproquement, l'exis-

---

1. Cette conjecture n'est aujourd'hui établie que de manière probabiliste grâce à des calculs effectués par un ordinateur qui la vérifient pour tous les nombres pairs jusqu'à 3×10^{17}.

tence d'une conduite n'implique pas qu'elle soit permise. La caractéristique des propositions modales normatives est ainsi leur indépendance à l'égard de la vérité ou fausseté des propositions décrivant le monde réel.

Par contraste avec les modalités déontiques, nous pouvons nommer *aléthiques*, ou mieux encore *ontiques*, les modalités ayant un rapport direct avec la vérité et la réalité. Leur propriété caractéristique est de valider les inférences suivantes :

1) Il est nécessaire que *p* ; donc c'est un fait actuel que *p*.
2) C'est un fait actuel que *p* ; donc il est possible que *p*.

C'est la nécessité entendue comme modalité ontique, propre aux choses et aux faits et non relative à l'état de nos croyances ou bien à ce qui doit être, qui constitue l'objet de notre réflexion.

Nécessité logique, physique et métaphysique

Il y a cependant plusieurs formes de nécessité aléthique. Nous pouvons mettre cela en évidence en considérant les exemples suivants.

1) Cicéron a été assassiné en 43 av. J.-C.
2) Jean parcourt la distance Paris-Sydney en 0,05s.
3) La femelle du lièvre est un lièvre.
4) La hase est la femelle du lièvre.
5) Aucun objet n'est intégralement rouge et vert à la fois.

Le premier énoncé désigne un fait irrévocable. Selon notre intuition de la nécessité du passé, il n'y a rien qui puisse être fait maintenant qui soit susceptible d'entraîner la fausseté de (1). Mais ce n'est pas une nécessité absolue, dans la mesure où il y eut un temps où le fait désigné par (1) pouvait ne pas se produire. Nous avons donc dans (1) une forme de nécessité temporellement variable.

(2) exprime une impossibilité, mais n'implique pas contradiction au sens précis du terme. La proposition exprimée par (2) est incompatible avec les lois de la nature. C'est un exemple de nécessité physique : il est physiquement impossible que Jean soit dans 0,05 secondes à Sydney, car cela impliquerait qu'il voyage plus vite que la lumière, ce qui est contraire au fait que la limitation de la vitesse de la lumière est, dans l'état du savoir scientifique, une loi fondamentale de la nature. Mais cela ne contredit aucune loi logique et, dans cette mesure, il est possible au sens large ou métaphysique que je me trouve à Sydney en moins de 5 centièmes de seconde. C'est même une situation parfaitement concevable, puisqu'elle est compatible avec la physique newtonienne.

Les vérités logiques, comme l'énoncé (3), sont nécessaires au sens strict, ce qui signifie ici qu'elles sont vraies en vertu des simples lois de la logique et que leur négation implique contradiction. Toutes les tautologies sont des vérités logiques. Une vérité logique se caractérise par le fait qu'elle est vraie en vertu de sa forme. Ainsi l'énoncé « Socrate est un homme ou Socrate n'est pas un homme » exprime une vérité logique, car sa vérité est préservée quelles que soient les expressions substituées aux termes non logiques de manière uniforme, par exemple : « le chat est un mammifère ou le chat n'est pas un mammifère ». Tous ces énoncés partagent la même forme « *p* ou non-*p* » qui n'est autre que le principe de tiers-exclu. La *nécessité logique* désigne ainsi la vérité en vertu des lois de la logique.

Le caractère contradictoire de la négation d'une vérité ne suffit pas à définir toute forme de nécessité plus forte que la nécessité physique. On peut ainsi distinguer la nécessité logique stricte caractérisant (3) de la nécessité logique en un sens étroit, ou *nécessité analytique*, qui s'attache à la proposition exprimée par l'énoncé (4). C'est en vertu de l'identité des concepts de hase et de femelle du lièvre que celui-ci est vrai. On dira que (4) exprime une vérité analytique. Selon une caractérisation informelle, un énoncé est analytique s'il est vrai en vertu de la signification de ses termes, ce qui le distingue des vérités logiquement nécessaires. En effet on n'obtient pas nécessairement un énoncé vrai en substituant n'importe quel terme non logique dans l'énoncé (4). Ainsi « la souris est le mat du bateau » est évidemment faux. De même, « il n'est pas vrai que Jeannette est un lièvre femelle et que Jeannette est une hase » n'exprime pas une contradiction formelle. Il faut pour cela préciser la signification des termes et c'est la raison pour laquelle cette nécessité n'est pas logique, mais analytique. Pourtant, la négation de (4) nous semble contradictoire. Il est possible en effet de déduire une nécessité analytique d'une vérité logique, si on définit un énoncé analytique comme un énoncé pouvant se réduire à une vérité logique par substitution de synonymes. Puisque (4) est un énoncé définitionnel, et que toute définition établit la synonymie de deux expressions, il est possible de substituer la définition au terme défini, ce qui conduit à l'énoncé : « la femelle du lièvre est la femelle du lièvre », lequel est un énoncé vrai en vertu de la loi logique de l'identité. Ainsi la nécessité analytique repose, comme la nécessité logique, sur le principe de contradiction. Cependant, celui-ci ne définit que partiellement le domaine de l'analytiquement nécessaire qui repose également sur la notion de signification.

De ces deux formes de nécessité, logique au sens strict et analytique, se distingue une troisième forme, que l'on appellera *nécessité logique au sens large*, ou encore *nécessité méta-*

physique[1]. L'énoncé (5) en est un exemple. Il est inconcevable qu'un même objet matériel nous apparaisse à la fois comme rouge et vert intégralement. Toutefois la négation de (5) ne contredit pas de loi logique, il ne peut donc s'agir d'une nécessité logique stricte. Par ailleurs –bien qu'il s'agisse là d'un point contesté par ceux qui veulent réduire toute nécessité à une nécessité logique ou analytique– il ne semble pas que l'on puisse rapporter cet énoncé à une nécessité analytique. «Rouge» et «vert» sont en effet des prédicats de couleur, sémantiquement simples et donc inanalysables. La particularité des prédicats de couleur entendus comme renvoyant à des expériences visuelles est qu'on peut seulement en donner une définition nominale comme «rouge est la couleur de la pivoine» qui ne permet pas d'expliquer ce qu'est le rouge à celui qui n'en a jamais vu. Et pourtant, bien que la vérité de l'énoncé ne soit pas analytique, il n'en apparaît pas moins nécessaire. L'incompatibilité des couleurs opposées du spectre lumineux est même un fait concernant la *nature* de la couleur[2]. Voici un exemple d'une nécessité dont le contraire n'implique pas de contradiction formelle ou implicite, mais est néanmoins exclu. Nous ne pouvons pas en effet concevoir de

---

1. La terminologie de la nécessité ou possibilité logique au sens large vient d'A. Plantinga, *op. cit.* Chez Leibniz, les qualifications de la nécessité comme logique, métaphysique, mathématique et géométrique sont équivalentes (*Théodicée*, Discours préliminaire, § 2 *sq.*). L'expression «nécessité métaphysique» a été remise à l'honneur par S. Kripke dans *Naming and Necessity*, trad. fr. *La logique des noms propres*, Paris, Minuit, 1982.

2. La couleur n'est évidemment pas une propriété intrinsèque de l'objet perçu comme coloré : elle consiste dans la réflexion spectrale de la surface du corps et dans l'activation des cellules coniques dans la rétine. L'incompatibilité des couleurs n'est pas un cas de nécessité métaphysique pure au sens où elle serait indépendante de la perception humaine.

circonstance ou situation dans laquelle un même objet serait à la fois rouge et vert. Ce qui est nécessaire au sens large ou métaphysique est ainsi d'abord ce qui est vrai dans toutes les circonstances possibles. De manière négative, on appelle cette nécessité métaphysique parce qu'elle ne se ramène à aucune autre, ni physique, ni logique, ni analytique. Outre cet exemple d'incompatibilités de couleur et plus généralement de propriétés disparates, quelles sont les vérités métaphysiquement nécessaires ? Il s'agit principalement de vérités relatives à l'essence et à l'identité d'une chose. L'essence pour reprendre la définition de Locke est « l'être même de quelque chose, par laquelle il est ce qu'il est » [1] ou encore, à la manière d'Aristote, l'essence de x c'est ce qu'est x. Ainsi l'essence d'un électron x désigne la ou les propriétés sans lesquelles x ne serait pas ce qu'il est, un électron. De là découle un ensemble de nécessités métaphysiques : le fait que x soit un électron, qu'il soit une particule matérielle, qu'il ne soit pas un nombre, qu'il n'ait pas la même trajectoire spatio-temporelle qu'un autre électron y, etc.

De façon plus problématique, mais philosophiquement décisive, le lien entre les notions d'essence et de nécessité métaphysique manifeste clairement que cette dernière dépend directement de la nature de la réalité. En cela, elle diffère fondamentalement des nécessités logique et analytique, qui concernent des énoncés, propositions et concepts et dépendent ainsi du langage et de la pensée. Si la notion de nécessité métaphysique *de dicto* a un usage légitime, alors elle possède un fondement *de re*, ou plutôt *in re*, dans la réalité.

---

1. J. Locke, *Essai sur l'entendement humain*, III, III, § 15, trad. fr. J.-M. Vienne, Paris, Vrin, 2003.

Nécessité relative et absolue

Nous avons distingué en fait deux catégories de nécessité aléthique : d'un côté, la nécessité temporelle et la nécessité physique, compatibles avec la possibilité (en un autre sens de la modalité) du contraire ; de l'autre côté, la nécessité logique et la nécessité métaphysique qui excluent absolument la possibilité du contraire. Ce contraste repose sur la distinction centrale entre les modalités relatives et absolues[1]. Reprenons l'exemple discuté par Thomas d'Aquin de la nécessité pour celui qui est aperçu assis d'être assis. On peut comprendre l'énoncé comme un conditionnel : « si quelqu'un est vu assis, alors il est assis ». Ce n'est pas le conséquent qui est nécessaire, mais le conditionnel tout entier : « nécessairement (si quelqu'un est vu assis, alors il est assis) ». Le conséquent est nécessaire étant donnée l'hypothèse de l'antécédent. Et cette nécessité hypothétique est compatible avec la possibilité absolue de ne pas être assis[2].

Ainsi, c'est une impossibilité pour un objet de voyager plus vite que la vitesse de la lumière *étant données les lois de la nature*. Cependant, à moins de soutenir que les lois de la nature sont absolument nécessaires, ce qui est physiquement nécessaire l'est seulement de manière relative et non absolue.

---

1. La nécessité relative a d'autres formes : conditionnelle, hypothétique (*ex hypothesi*) ou nécessité de la conséquence (*necessitas consequentiae*). Cette dernière (logiquement : $L(p \supset q)$), ne doit pas être confondue avec la nécessité du conséquent (*necessitas consequentis*) : $p \supset Lq$.

2. La distinction entre nécessité relative et absolue remonte à Aristote. Elle caractérise logiquement la conclusion d'un syllogisme, qui découle nécessairement des prémisses, sans être nécessaire en elle-même (*Premiers Analytiques*, I, 10, 30b31-40). Sur la nécessité hypothétique dans son sens réel et non seulement logique, cf. *Physique*, II, 9.

Voyager plus vite que la vitesse de la lumière est certes une impossibilité relativement aux lois de la nature, mais, dans l'absolu, une possibilité.

Précisons cette notion de nécessité relative. Soit un ensemble M de propositions (que l'on peut comprendre comme les lois de la physique, de la biologie, l'état de la technologie à un moment donné, etc.), p est nécessaire relativement à M si p est une conséquence logique de M[1]. Si les propositions constituant M ne sont pas elles-mêmes absolument nécessaires, alors la nécessité de p relativement à M est compatible avec la possibilité de *non-p*. Ainsi la nécessité physique n'est pas irréductible ou *sui generis*. Assurément, de nombreuses questions sur la physique mettent en jeu la nécessité, par exemple : les lois de la nature sont-elles nécessaires ou contingentes ? Mais la notion de nécessité *physique* est une notion dérivée.

Passons à la nécessité logique. On a vu que la caractérisation de la nécessité relative s'appuie sur le concept de conséquence logique, ce qui implique qu'elle ne peut pas être à son tour une simple nécessité relative. Si tel était le cas en effet, si une relation de conséquence logique L était relativement nécessaire seulement, alors elle le serait relativement à d'autres vérités K, dont elle serait elle-même la conséquence. S'engagerait alors une régression circulaire, puisque le conditionnel « si K alors L » est lui-même une conséquence « logique ». Il doit donc y avoir au moins une modalité absolue et la nécessité logique stricte en est une.

---

1. *Cf.* B. Hale, « Modality », dans B. Hale et C. Wright (eds.), *A Companion to the Philosophy of Language*, Oxford, Blackwell, 1995, p. 488.

La nécessité métaphysique est-elle absolue ou relative? Cette question revêt une réelle importance. En effet si elle était relative, elle se réduirait, comme la nécessité physique à 1) la nécessité de la conséquence logique et 2) un ensemble de vérités non-modales. Cela serait un argument de poids pour se passer de la notion de nécessité métaphysique. Peut-on soutenir qu'elle est absolue[1]? Une réponse négative découle de l'argument qui suit. On pose que si *p* est logiquement nécessaire, alors en aucun sens *non-p* n'est possible. En effet, si *p* est logiquement nécessaire, alors *non-p* implique la violation des lois logiques, par exemple du principe de contradiction. Il s'ensuit alors:

(LM) si *p* est logiquement nécessaire, alors *non-p* est métaphysiquement impossible.

Considérons la réciproque:

(ML) si *p* est métaphysiquement nécessaire, alors *non-p* est logiquement impossible.

Qu'en est-il de (ML)? Nous sommes face à un dilemme: A) si (ML) est fausse, alors la nécessité métaphysique est compatible avec la possibilité logique du contraire, donc la nécessité métaphysique est relative. B) Si au contraire, (ML) est vraie, alors les deux notions coïncident, donc le caractère spécifique de la nécessité métaphysique disparaît au profit de la nécessité logique.

En dépit des apparences, ce dilemme n'est pas concluant en réalité. Considérons (A). Même s'il existe un ensemble

---

1. *Cf.* I. McFetridge, *Logical Necessity and Other Essays*, Londres, Proceedings of the Aristotelian Society, 1990 et B. Hale, « Modality », art. cit. L'argument est critiqué par E.J. Lowe, *The Possibility of Metaphysics*, Oxford, Clarendon Press, 1998, p. 16 *sq.*

N de vérités concernant la nature des choses, dont on peut déduire, par la nécessité logique, l'ensemble des vérités *p* métaphysiquement nécessaires, cela ne suffit pas à faire disparaître de l'analyse la nécessité métaphysique elle-même. Supposons que « Socrate n'est pas un nombre » soit une conséquence logique des vérités concernant la nature de Socrate. Il n'en demeure pas moins que la notion de nature ou d'essence est indissociable de la notion de nécessité métaphysique, puisqu'elle détermine l'ensemble de ce qui est possible pour cette chose. Donc la branche (A) du dilemme conduit à une relativisation apparente de la nécessité métaphysique. En ce qui concerne (B), l'argument n'est pas concluant non plus. L'expression d'impossibilité logique est en effet ambiguë. Ou bien elle désigne strictement ce qui est contraire aux lois logiques ou bien elle désigne ce qui n'est vrai dans aucune circonstance possible. C'est le premier sens qui est embarrassant pour le partisan de la nécessité métaphysique, mais il ne s'impose nullement à celui-ci. Il peut en effet admettre, comme dans (A), que la nécessité métaphysique de *p* est compatible avec le fait que *non-p* soit possible (au sens strictement logique de possible, comme ce qui n'est pas exclu par les lois logiques). Ainsi il est métaphysiquement impossible que Socrate soit un nombre, mais cela est possible au sens strictement logique car cela ne viole aucune loi logique. En revanche il n'y a aucune circonstance possible dans laquelle Socrate serait un nombre. Et dans ce sens il y a une coïncidence entre l'impossibilité métaphysique et l'impossibilité logique au sens large.

Le problème de la nécessité

La notion de nécessité est ainsi circonscrite. Nous avons indiqué en quel sens la notion de nécessité métaphysique est centrale pour la philosophie. Il s'agit alors de déterminer sa source, ce en quoi elle consiste précisément. Ce problème a deux versants, l'un est métaphysique : existe-t-il une réalité modale, en particulier des faits nécessaires ? L'autre est épistémologique : comment les connaissons-nous ? Dans ce qui suit, nous allons nous pencher sur les principales réponses apportées dans la philosophie contemporaine à l'aspect métaphysique du problème, mais nous nous efforcerons chaque fois de confronter ces solutions à la question épistémologique. Nous procéderons de manière dialectique, en partant des réponses les moins satisfaisantes et en remontant progressivement vers celles qui nous paraissent les plus adéquates.

La nécessité, relique d'une philosophie dépassée ? L'éliminativisme

Les analyses qui précèdent, comme la formulation des questions auxquelles elles aboutissent, présupposent que le concept de nécessité s'applique à quelque chose, que cette notion n'est pas dépourvue de signification. Or ce présupposé est susceptible d'être contesté. Il se pourrait que la nécessité, et avec elle les autres modalités aléthiques, loin d'être un concept philosophiquement indépassable, provienne d'un schème conceptuel relativement primitif, voué à disparaître à mesure des progrès de la connaissance. Davantage, il se pourrait que non seulement on puisse se dispenser de ce concept, mais encore, qu'il soit un obstacle au développement de la science. L'éliminativisme modal est la thèse selon laquelle la notion de nécessité est dépourvue d'usage rigoureux, en dehors du discours du sens commun. L'avènement d'une conception scientifique du monde lui confère le simple statut de relique.

Les critiques les plus répandues concernent la nécessité métaphysique et l'essentialisme qu'elle suppose. L'essentialisme est la thèse selon laquelle on peut distinguer les propriétés d'une chose essentielles (nécessaires) et accidentelles (contingentes) d'une chose indépendamment de la manière dont nous la désignons. Par exemple, Aristote est essentiellement un homme et seulement accidentellement philosophe. Mais cette différence entre les propriétés d'une chose se fait à l'intérieur d'un système de classification donné. Or deux taxinomies fondées sur des critères différents attribueront des propriétés essentielles différentes à un même être. Réciproquement, attribuer un ensemble fixe de propriétés essentielles à quelque chose revient à privilégier un mode de description de l'objet par rapport à un autre. Mais un tel favoritisme ne paraît pas justifié. Un exemple discuté par Quine illustre ce point à propos de l'essence individuelle d'une chose[1]. Un mathématicien est nécessairement rationnel mais accidentellement bipède. En revanche, un cycliste est nécessairement bipède, mais rationnel par accident. Mais supposons qu'un même individu, Georg Cantor, soit mathématicien et pratique le vélo : celui-ci est-il nécessairement rationnel et bipède de manière contingente, ou vice versa ? Il n'y a pas de raison de considérer que la description de Cantor comme mathématicien soit intrin-

---

1. Cf. *Word and Object*, Harvard, MIT Press, 1960, trad. fr. *Le mot et la chose*, Paris, Flammarion, 1977, p. 279-280. La critique de l'essentialisme par Quine prend place dans une critique de la logique modale quantifiée (*i.e.* la formalisation logique des modalités *de re*); *cf.* « Référence et modalité », *From a Logical Point of View*, Harvard, Harvard UP, 1953, trad. fr. dans *Du point de vue logique*, Paris, Vrin, 2003. *Cf.* F. Drapeau Vieira Contim et P. Ludwig, *Kripke. Référence et modalités*, Paris, PUF, 2005, p. 83-100, pour un exposé clair des arguments de Quine et des répliques de R. Barcan Marcus et S. Kripke.

sèquement plus adéquate que sa description comme cycliste, même si la première peut se révéler, d'un point de vue pragmatique, plus importante que la seconde.

En outre, l'essentialisme conduit d'une part à tenir pour nécessaire l'appartenance spécifique d'un individu (le fait qu'Aristote soit un homme) et d'autre part à attribuer aux espèces des propriétés essentielles (par exemple, le fait que les hommes soient des animaux pourvus de raison). Or la biologie évolutionniste rend caduque la notion d'espèce biologique, remplacée par le concept de population, ensemble dépourvu de propriétés fixées d'avance, mais en constante évolution selon les mécanismes de la sélection naturelle. L'essentialisme, appliqué aux êtres vivants du moins, ne serait ainsi concevable que dans le cadre d'une biologie pré-darwinienne.

Enfin, les progrès de la connaissance scientifique tendent à réduire considérablement le domaine de la nécessité métaphysique [1]. Des croyances un temps tenues pour des vérités métaphysiquement nécessaires se sont progressivement effondrées. Citons ainsi la croyance que l'espace (physique) est euclidien, détruite par la découverte des géométries non-euclidiennes et leur usage en physique. De même, la théorie de la Relativité restreinte implique que la simultanéité n'est pas une relation transitive. Un événement a peut être simultané à b dans un référentiel S et b simultané à c dans un autre référentiel S'. On ne peut toutefois en déduire que a et c sont simultanés. Enfin, à la suite de la découverte par Gödel de certaines solutions aux équations de la Relativité générale, le voyage dans le temps n'est plus une impossibilité. Il est ainsi manifeste que le

---

1. R. Nozick, *The Structure of the Objective World*, chap. 3, insiste sur ce point.

domaine du métaphysiquement nécessaire se réduit à mesure qu'augmente notre connaissance du monde, ce qui suscite une présomption négative à l'encontre de la réalité même de la nécessité métaphysique.

Chacun de ces arguments tend à conclure au caractère illusoire de la notion de nécessité métaphysique. Toutefois on pourrait refuser la nécessité *de re* sans pour autant renoncer à la nécessité *de dicto*, ni à l'idée d'un contraste entre deux types de vérités : d'un côté, les vérités contingentes, que nous ne pouvons justifier que par une vérification empirique, de l'autre les vérités nécessaires, dont la justification ne repose pas sur le contact avec l'expérience[1]. Cette croyance en un clivage intrinsèque entre deux types de vérité est à ce point ancrée dans la tradition philosophique que Quine a pu la qualifier de dogme[2]. Mais précisément, d'après ce dernier, ce n'est qu'un dogme à l'évidence trompeuse. Tout d'abord, il est impossible de définir la classe des vérités nécessaires parce que la seule façon de les définir précisément – étant données les critiques de la nécessité métaphysique – est de les définir comme

---

1. Leibniz distingue les vérités de raison et les vérités de fait. La preuve des premières dépend du principe de contradiction, alors que les secondes, bien que justifiables *a priori* par le principe de raison suffisante, ne sont démontrables par nous qu'à l'aide de l'expérience (*Monadologie*, § 31-6). Hume oppose notre connaissance des relations d'idées à celle des *matters of facts* (*Enquête sur l'entendement humain*, sec. XII, 3e partie). Chez Kant, l'existence de jugements synthétiques *a priori* vrais fait que la distinction entre les jugements analytiques et synthétiques ne recouvre pas les deux contrastes nécessaire/contingent et *a priori*/*a posteriori*. Bien que déplacée, une opposition est néanmoins maintenue entre les vérités fondées sur l'expérience *a posteriori* et autres, les autres.

2. W.V.O. Quine, « Les deux dogmes de l'empirisme », dans *Du point de vue logique*, p. 49-81.

énoncés analytiquement vrais et qu'il n'existe aucun critère de l'analyticité qui ne soit pas circulaire. Mais le caractère intenable de la distinction apparaît surtout si l'on cherche à l'inverse à définir le contraste à partir des vérités contingentes. La confirmation d'un énoncé empirique quelconque ne se fait jamais individuellement, mais implique tous les autres énoncés de la théorie. Le holisme sémantique implique que tous « affrontent le tribunal de l'expérience sensible, non pas individuellement, mais seulement collectivement »[1]. L'ensemble des énoncés tenus pour vrais dans une théorie est comme un corps continu, dans lequel on peut certes distinguer un centre (les énoncés tenus pour nécessaires) et une périphérie (les hypothèses empiriques les plus contestables). Mais de l'un à l'autre, il y a seulement une différence de degré. Par exemple, en physique quantique, l'équation de Schrödinger assigne des probabilités aux différents états possibles d'un système de particule (la fonction d'onde de ce système). Pour déterminer de quelle manière le système évolue effectivement, il faut effectuer une mesure qui a pour effet apparent l'effondrement de la fonction d'onde, autrement dit la réduction à 0 des probabilités de tous les autres états possibles. D'après une des interprétations de la mécanique quantique, celle de R. Feynman, le système réalise en fait simultanément tous les états possibles (l'effondrement est donc seulement apparent), ce qui va à l'encontre du principe de contradiction[2]. Et si cette interprétation surpasse les interprétations concurrentes, nous devons être prêts à renoncer à ce dernier. Ainsi le

1. Quine, « Deux dogmes », p. 75.

2. B. Greene, *L'univers élégant*, trad. fr. « Folio Essais », Paris, Gallimard, 2005, chap. 4 présente clairement ces questions.

nécessaire, entendu comme ce qui n'est pas révisable, est une notion vide. Si nous l'employons encore, ce doit être comme synonyme d'obvie, évident : autant de notions qui sont relatives à la connaissance sans fondement intrinsèque. En un mot : « *sub specie aeternitatis*, il n'y a pas plus de contingence que de nécessité ; toutes les vérités se valent » [1].

La nécessité a posteriori

Dans l'introduction, nous avons évoqué l'importance des modalités tant dans nos raisonnements spontanés que comme instrument théorique. Comme toute position exigeant que nous renoncions à des conceptions ancrées dans la tradition philosophique et surtout dans le sens commun, l'adoption de l'éliminativisme modal présente un coût théorique important et la charge de la preuve lui incombe. Or les arguments que nous venons de présenter ne nous paraissent pas concluants.

L'argument contre la nécessité en général suppose l'identification d'une vérité nécessaire et d'une croyance non-révisable. Mais il faut distinguer les deux ordres d'idée. La nécessité est une notion métaphysique alors que la révisabilité ou pas est un concept épistémologique ayant trait à nos croyances. Que ce qui est nécessaire soit connaissable *a priori* et qu'une connaissance *a priori* ne soit pas sujette à révision, ce sont là des thèses communes en philosophie qui, cependant, ne vont de soi. Il suffit d'établir la possibilité de vérités nécessaires *a posteriori* pour résoudre les objections de Quine, tant à l'encontre de la nécessité en général qu'à l'encontre de la nécessité métaphysique en particulier. Or cette

---

1. W.V.O. Quine, *Quiddités*, trad. fr. D. Goy-Blanquet et T. Marchaisse, Paris, Seuil, 1992, p. 148.

idée est devenue familière dans la philosophie contemporaine à la suite des réflexions de H. Putnam et S. Kripke sur la sémantique des noms propres et surtout des termes d'espèces naturelles[1].

Les assertions d'identité sont le paradigme de la dissociation du nécessaire et de l'*a priori*. Considérons l'énoncé d'identité vrai : « Hespérus est Phosphorus ». Celui-ci nous dit que le corps céleste qui apparaît le matin près de la lune et que l'on nomme « Phosphorus » est le même que celui qui apparaît le soir et que l'on nomme « Hespérus », c'est-à-dire Vénus. En outre, il exprime une vérité nécessaire. L'intuition commune, dont Kripke se fait l'avocat en matière modale, est en effet que toute identité véritable est nécessaire, car rien n'est plus essentiel à un objet que le fait d'être identique à lui-même. Mais cette identité ne peut être découverte *a priori* contrairement à l'identité « Phosphorus est Phosphorus ». Afin de l'établir, des observations astronomiques, en particulier la reconnaissance de l'identité des orbites d'Hespérus et Phosphorus, ont été nécessaires. Voilà donc un exemple de nécessité *a posteriori*. Si cette nécessité ne nous apparaît pas si évidente, c'est parce que nous ignorons *a priori* que Hespérus est Phosphorus. Si nous disons que Phosphorus est l'étoile du matin et Hespérus l'étoile du soir, il nous paraît tout à fait concevable que le premier corps ne soit pas identique au second. Et nous en concluons la possibilité que Phosphorus ne soit pas Hespérus. Il s'agit là toutefois d'une illusion d'après Kripke. Nous pensons pouvoir passer sans risque du concevable au possible,

---

1. *Cf.* H. Putnam, « la signification de la signification » trad. fr. dans S. Laugier et P. Wagner (dir.), *Philosophie des sciences*, Paris, Vrin, 2004, t. 1 ; S. Kripke, *La logique des noms propres*.

mais en fait nous prenons une possibilité épistémique pour une possibilité réelle. Cela entraîne-t-il l'impossibilité qu'un corps céleste apparaissant comme l'étoile du matin (Vénus) soit distinct d'un autre corps céleste apparaissant comme l'étoile du soir (qui serait Mars par exemple)? La réponse est non et l'explication est la suivante: dans ce cas, « Hespérus » continue à désigner Vénus, mais on ne pourrait plus dire « Hespérus est l'étoile du soir ». Kripke exclut seulement qu'une chose soit distincte d'elle-même [1].

Kripke et Putnam étendent cet argument aux énoncés d'identification théorique contenant des termes d'espèces naturelles comme, par exemple, « l'eau est H_2O », « la lumière est un flux de photons », ou « l'or est le corps d'élément atomique 79 ». Tous ces énoncés spécifient la constitution physique, chimique ou biologique des objets relevant de chacune de ces espèces naturelles. Cette constitution leur est essentielle: ce qui fait qu'un morceau de métal est de l'or plutôt que tout autre métal, c'est bien sa composition atomique. Dans cette mesure, ces énoncés sont nécessaires. Ainsi, « eau » désigne nécessairement la substance de composition chimique H_2O. Ce que Kripke ou Putnam appellent la constitution matérielle ou la microstructure de l'eau correspond à ce que Locke nomme l'*essence réelle* de celui-ci, qu'il distingue de son *essence*

---

1. Une erreur sémantique se cache sous l'illusion modale. Elle consiste à attribuer aux noms propres un sens qui serait exprimé à l'aide d'une ou plusieurs descriptions définies (dans notre exemple « l'étoile du matin » pour Phosphorus) et qui déterminerait la référence du nom propre, la chose qu'il nomme. Kripke au contraire défend une théorie causale: la référence des noms propres n'est pas médiatisée par la détermination d'un sens, mais fondée sur un lien causal entre l'objet nommé et le locuteur.

nominale[1]. Cette dernière est l'ensemble des propriétés à partir desquelles nous reconnaissons un échantillon d'une substance comme une substance de telle sorte. Nous introduisons ainsi le concept d'eau par le biais de propriétés superficielles telles que le fait d'être un liquide transparent, incolore, inodore, sans saveur, etc. Lorsque nous commençons à employer le concept d'eau, nous possédons seulement son essence nominale. D'après la thèse que nous envisageons, la connaissance de l'essence nominale ne permet pas de déterminer l'essence réelle et celle-ci n'est connaissable qu'*a posteriori*. Le fait que l'eau soit H_2O n'a pu être découvert que grâce aux progrès de la chimie et en particulier aux travaux de Lavoisier. Le concept d'eau, entendu comme essence nominale, d'un Européen en 1750 est à peu près le même que le nôtre. Mais il pouvait concevoir que l'eau ait une composition chimique très différente, XYZ. Et par analogie, nous pouvons concevoir que l'eau soit XYZ et croire ainsi en la possibilité que l'eau ne soit pas H_2O. Mais il s'agit à nouveau d'une illusion modale dans laquelle nous confondons une possibilité épistémique avec une possibilité réelle ou métaphysique. Ainsi ce qui est métaphysiquement nécessaire est indépendant de ce que nous sommes capables ou non de concevoir. Cela répond à l'argument de Quine contre l'essentialisme. Ce qui est relatif à un mode de désignation, à une classification, c'est l'essence nominale, qui est évidemment relative. Mais cela ne change rien à l'essence réelle de la chose qui ne nous est pas nécessairement connue.

---

1. Toutefois, selon Locke l'hypothétique essence réelle nous est inconnue (*Essai* III, III, § 17; VI, § 2: «l'essence réelle est la constitution des parties insensibles de ce corps»; § 9; § 22; § 49: «on n'a aucune idée de cette essence réelle dans les substances»).

Nous pouvons également répondre aux deux autres arguments contre la nécessité métaphysique. Tout d'abord, l'adoption de l'essentialisme en général n'implique pas l'adoption de l'essentialisme dans tous les domaines. En particulier, les concepts d'espèces biologiques ne sont pas des concepts fondamentaux, mais dérivés et changeants. L'histoire naturelle et les taxinomies contemporaines décrivent des essences nominales qui ne correspondent pas directement à des essences réelles. On peut donc admettre qu'il n'y a pas d'essence réelle de la baleine, de l'homme ou de telle bactérie. En revanche, la notion d'essence demeure applicable aux composants fondamentaux de la réalité. D'après la physique, les électrons sont des particules fondamentales, et c'est au niveau d'entités de ce genre que l'on peut parler d'essence sans revenir à des conceptions dépassées[1]. Quant à l'argument cumulatif, on peut lui concéder qu'il établit que nos croyances modales sont souvent erronées et sont défaisables, mais pas que le concept de nécessité est dépourvu d'application. Ainsi, à condition de rabaisser nos prétentions à une connaissance infaillible de la nécessité, il est possible de défendre la nécessité contre ses critiques les plus radicales.

LES MONDES DE LA NÉCESSITÉ

Nous avons caractérisé plus haut les vérités métaphysiquement nécessaires, fondées sur la nature des choses, en disant qu'elles sont des vérités vraies dans toutes les circons-

---

1. *Cf.* B. Ellis, *The Philosophy of Nature. A Guide to New Essentialism*, Chesham, Acumen, 2002.

tances possibles. Il est possible de systématiser cette remarque au point d'en faire le point de départ d'une compréhension systématique de la modalité résumée par les deux équivalences suivantes :

> 1) « il est possible que p » est vrai ssi p est vraie dans tous les mondes possibles.
>
> 2) « il est nécessaire que p » est vrai ssi p est vraie dans tous les mondes possibles.

Ces deux équivalences sont souvent présentées, non sans déformation historique toutefois, comme un point de vue leibnizien sur les modalités. Leibniz est en effet un des premiers, sinon le premier, à avoir systématisé la notion de monde possible comme alternative au monde actuel[1]. Un monde possible est une histoire possible et exhaustive de l'univers, une manière dont les choses auraient pu se produire. Un exemple de monde possible est le monde imaginaire décrit par Tolkien dans le *Seigneur des Anneaux*. Les mondes diffèrent dans leur rapport au monde actuel. Certains ressemblent beaucoup au monde actuel. Ainsi, le monde décrit par *Guerre et Paix*, ne diffère pas du nôtre dans son histoire globale, et probablement assez peu pour les personnages historiques comme le maréchal Koutouzov, mais par les destins individuels du Prince André ou de Pierre Bezoukhov qui n'existent pas dans le monde actuel. Certains partagent une partie de leur histoire, mais divergent par la suite : par exemple, un monde où la crise des missiles de Cuba aurait abouti à un conflit

---

1. Cf. *Théodicée*, § 8, 42, 225 et 414-416. Ce sont des objets du choix créateur de Dieu qui existent dans son entendement, la « région des vérités éternelles ». Un seul monde est actuel, celui que Dieu a créé parce qu'il est le meilleur des mondes et une infinité de mondes possibles.

nucléaire, ou un autre, dans lequel un astéroïde de 500 km de diamètre aurait percuté la Terre il y a plusieurs millions d'années. Certains mondes enfin sont radicalement différents du nôtre : ceux qui ne contiennent que certains éléments chimiques du nôtre, ou ceux qui ont une structure spatio-temporelle différente ou sont soumis à d'autres lois de la nature.

C'est au sein de la logique modale, à partir du milieu du XXe siècle, que les mondes possibles sont réapparus parmi les concepts de la philosophie. Ils constituent en effet des modèles sémantiques pour les langages contenant des opérateurs modaux et permettent ainsi de définir la notion de validité en logique modale. En logique, un énoncé quelconque comme « Aristote est un philosophe » n'est ni vrai ni faux si on ne dispose pas d'un certain nombre d'informations sur la signification des termes. L'information permettant de déterminer un énoncé donné comme vrai est un modèle de ce dernier. Pour cela, il faut spécifier un domaine de référence autrement dit un ensemble d'objets D et une fonction qui assigne au nom « Aristote » l'individu Aristote, élément de D, et au prédicat « est philosophe » un sous-ensemble de D, celui des philosophes (ce qu'on appelle l'extension du prédicat). L'énoncé est vrai dans ce modèle si et seulement si la valeur de « Aristote » est un élément de l'extension de « est philosophe ».

En logique modale, chaque monde possible w peut être considéré comme un des modèles d'énoncé de la logique du premier ordre. Ainsi dans certains mondes ou modèles « Aristote est un philosophe » est vrai, tandis que, dans d'autres, l'énoncé est faux. En revanche, « Aristote est ou n'est pas un philosophe » est vrai dans tous les modèles, autrement dit dans tous les mondes possibles. L'ensemble W de tous les mondes possibles peut être considéré comme l'équivalent de l'ensemble *D*, du domaine de discours de la logique du premier ordre. Un modèle pour une logique modale est une structure qui assigne à un énoncé atomique comme « Aristote est un philosophe » une valeur de vérité dans chaque monde *w* élément de *W*. Ceci détermine la vérité d'un énoncé dans un monde possible[1]. À partir de là, il devient facile de déterminer la valeur de vérité d'énoncés contenant un opérateur modal. Un énoncé comme « il est possible qu'Aristote soit un sculpteur » est vrai si l'énoncé « Aristote est un sculpteur » est vrai dans au moins un monde possible. Et « il est nécessaire qu'Aristote soit ou ne soit pas un philosophe » est nécessaire si « Aristote est ou n'est pas un philosophe » est vrai dans tous les mondes possibles. Telle est, en simplifiant à l'extrême, la conception des mondes possibles du point de vue de la théorie des modèles[2].

---

1. Afin de définir non pas la vérité relativisée à un monde, mais la vérité simple, qui nous fait affirmer que « Aristote est un philosophe » est vrai, et pas seulement vrai dans le monde actuel, il faut spécifier le monde actuel dans la structure de modèle.

2. La contribution la plus célèbre à cette théorie est l'article de S. Kripke, « Semantical Considerations on Modal Logic », *Acta Philosophica Fennica* 16 (1963), p. 83-94, repris dans L. Linsky (ed.), *Reference and Modality*, Oxford, Oxford UP, 1971, p. 63-72. Pour des raisons de simplicité, nous ne considérons ici que des modèles pour un langage ne disposant pas de quantificateurs, donc pour un langage restreint au calcul des propositions de la logique du premier ordre. Nous avons omis de notre présentation un autre élément des structures de modèles de logique modale, la relation d'accessibilité *R* entre les mondes possibles. L'idée est la suivante. Lorsque nous disons qu'un énoncé nécessaire est vrai dans tous les mondes possibles, il faut relativiser le quantificateur universel : *p* est nécessairement vrai dans *w* ssi *p* est vrai dans tous les mondes *w'* accessibles à *w*. C'est une notion purement théorique dont l'intérêt est toutefois capital car il devient possible de rendre compte des différentes inférences modales valides et donc des différents systèmes de logique modale en fonction

La sémantique des mondes possibles apporte un degré inégalé de précision à nos raisonnements modaux et les simplifie largement. En tant que pures structures ensemblistes, ils ont ainsi une réelle fonction heuristique. Mais, simples outils, ils ne nous font pas progresser réellement dans la compréhension des modalités. En effet, sur le plan formel, il n'y a nulle contrainte sur la nature des éléments de *W*. Il pourrait s'agir d'un ensemble de chaises et de tables, ou des billes contenues dans un sac de billes, voire des ensembles purs, pour peu qu'ils satisfassent les autres conditions de cette structure ensembliste. Si l'on n'explique pas ce qu'ils sont, l'approche purement formelle des mondes possibles ne fournit aucune explication réelle des modalités. Cela requiert une métaphysique des mondes possibles [1].

Métaphysique des mondes possibles et analyse des modalités

Afin que les mondes possibles constituent, selon le propos d'Alvin Plantinga, une « tentative d'élucidation de la vérité métaphysique sur la modalité dans toute sa sobriété » [2], il faut que nous sachions ce qu'ils sont. Or leur nature est l'objet de disputes : sont-ils des entités concrètes comparables à notre

des propriétés formelles (réflexivité, transitivité, symétrie) attribuées à *R*. Ainsi « ce qui est actuel est possible » est valide si *R* est réflexive, « ce qui est nécessaire est nécessairement nécessaire » si *R* est réflexive et transitive ; enfin « ce qui est possible est nécessairement possible » si *R* est réflexive, transitive et symétrique.

1. En outre, puisque l'accessibilité est un concept théorique, seules nos intuitions sur les mondes possibles nous permettent de déterminer les propriétés de la relation d'accessibilité.

2. *The Nature of Necessity*, p. 125.

univers ?; s'agit-il au contraire d'entités abstraites à l'instar des nombres ?; ou de constructions linguistiques à l'instar d'un roman ? Chacune de ces positions définit une métaphysique des mondes possibles.

Au-delà de leurs divergences, leur idée commune est que le fondement de toute vérité modale dans un monde dépend de ce qui se produit dans *d'autres* mondes possibles, que la modalité a ainsi un fondement extrinsèque. Il est nécessaire que $2 + 2 = 4$ parce qu'il n'y a aucun monde dans lequel il arriverait que $2 + 2$ ne soit pas égal à 4. Il est contingent qu'Aristote soit un philosophe parce qu'il y a des mondes possibles dans lesquels cela est faux. La modalité apparaît ainsi comme une propriété relative à d'autres entités. De nouveau, Leibniz a perçu ce point : d'après lui, l'existence de notre monde est contingente non en raison de ses propriétés intrinsèques, mais du fait qu'il y ait d'autres entités inactuelles qui n'ont pas été choisies par Dieu[1]. Cette conception des modalités, partagée par les métaphysiques des mondes possibles, a été récemment caractérisée ainsi :

> L'existence et la nature des mondes est une caractéristique première de la réalité modale, alors que les nécessités et possibilités s'attachent de manière parasite à la nature de l'ensemble des mondes... ce sont les mondes possibles qui doivent contraindre les faits de la modalité ; les faits de la modalité ne

1. Leibniz « De la liberté », dans *Recherches générales sur l'analyse des notions et des vérités. Textes logiques et métaphysiques*, intro., trad. fr. et notes J.-B. Rauzy, Paris, PUF, 1998, p. 330 : « Si [...] certains possibles n'existent jamais, alors les existences ne sont pas toujours nécessaires, sans quoi il serait impossible que d'autres existent à leur place et donc ceux qui n'existent jamais seraient impossibles ».

doivent pas restreindre le nombre et la nature des mondes possibles[1].

Par-delà cette convergence sur le plan modal, c'est sur le statut ontologique des mondes que s'opposent les différentes théories des mondes possibles[2]. Nous commencerons par présenter la conception la plus radicale, celle du philosophe américain David K. Lewis avant d'évoquer plus brièvement les conceptions alternatives.

Le réalisme extrême des mondes possibles: David Lewis

Le point de départ de cette théorie est que les mondes possibles sont des entités de la même nature que le monde actuel. Le monde actuel, notre monde, est constitué de nous-mêmes et de tout ce qui nous entoure: planètes, étoiles, galaxies, etc. Les mondes possibles sont quant à eux composés d'entités comparables à celles qui peuplent notre monde: des particules physiques, des arbres, des galaxies, etc., autrement dit, d'entités relevant des mêmes catégories ontologiques que celles qui peuplent notre monde et qui existent de la même manière que ce qui existe dans le monde actuel. Quelle que soit la façon dont nous concevons que la réalité aurait pu s'avérer, il existe un monde possible dans lequel ceci est réel. Puisque nous pouvons concevoir que les citrons soient bleus (pour quelque raison que ce soit), il s'ensuit qu'il y a des mondes dans lesquels les citrons sont bleus. Comme dans « le

1. S. Shalkowski, «The Ontological Ground of Alethic Modality» *The Philosophical Review* 103 (1994), p. 675.

2. Deux ouvrages explorent ces questions: J. Melia, *Modality*, Montreal, McGill-Queen's UP, 2003 et J. Divers, *Possible Worlds*, Londres, Routledge, 2002.

Jardin aux sentiers qui bifurquent » de J.L. Borgès, nous devons accepter que toutes les alternatives au monde actuel sont aussi réelles que le monde actuel. Les mondes possibles ont ainsi les caractéristiques suivantes [1] :

> *Isolement.* Les mondes possibles sont des touts composés de particuliers liés par des relations spatio-temporelles.
> *Concrétude.* Les autres mondes possibles sont de même nature que le monde actuel ; ce ne sont pas des abstractions.
> *Indexicalité de l'actualité.* L'actualité est une propriété que chaque monde possible possède relativement à lui-même. Ce n'est jamais une propriété absolue.
> *Plénitude* : il y a autant de mondes possibles que de manières d'être possibles (autrement dit, il n'y a pas de trous dans l'espace logique des possibilités).

L'ambition de cette théorie est de proposer une analyse réductionniste des modalités [2]. Aussi la définition des mondes possibles ne doit-elle pas mentionner de notions modales. En particulier, la première thèse garantit que « monde possible » est synonyme de « monde ». Lewis se demande d'abord ce qui fait que deux entités quelconques appartiennent à un même monde. La réponse est qu'elles sont reliées par des relations spatio-temporelles ou une relation analogue à ce type de relations. Dès lors, un objet est un monde seulement s'il est constitué de parties reliées spatio-temporellement. Donc deux segments de réalité dépourvus de relations spatio-temporelles

---

1. D.K. Lewis, *On the Plurality of Worlds*, Oxford, Blackwell, 1986, chap. 1, § 6-9.
2. Il ne l'affirme pas directement, mais cela découle des critiques qu'il adresse aux théories rivales des mondes possibles qui sont inférieures à sa propre théorie précisément parce qu'elles échouent toutes à proposer une analyse de la modalité (*ibid.*, p. 156).

appartiennent à deux mondes possibles différents et, à l'inverse, une entité reliée spatio-temporellement à un monde fait partie de ce monde. Enfin, un monde n'est rien de plus que le tout constitué de ces objets, de même qu'un tas de billes n'est rien de plus que la totalité des billes qui le composent. Ainsi Lewis définit un monde comme une *somme méréologique*[1] *maximale d'objets spatio-temporellement reliés*.

La seconde thèse découle de la première : si la relation d'appartenance à un monde est définie par les relations spatio-temporelles entre les éléments du monde, alors les mondes eux-mêmes, sommes méréologiques de leurs parties, ne sont pas des entités abstraites. Les nombres sont des entités abstraites par excellence. Or un nombre n'est situé ni dans le temps ni dans l'espace. Donc un monde n'est pas une entité abstraite. Ainsi les entités peuplant ces mondes possibles, citrons bleus, ânes qui parlent, etc., sont des entités aussi réelles et concrètes que celles qui occupent notre monde.

La thèse de l'indexicalité de l'actualité est étroitement liée aux deux précédentes. L'idée intuitive est que l'égalité règne entre les mondes si bien que l'existence actuelle ne distingue aucun monde de manière exclusive. Si chaque monde en effet est une somme méréologique de parties spatio-temporelles, possédant à égalité la réalité ou la propriété d'exister, alors il n'y a pas de raison *a priori* pour que, parmi cet ensemble de mondes, l'un d'entre eux, et un seulement, soit actuel. Mais si nous pensons exister dans le monde actuel, alors il y a de nombreux individus dans d'autres mondes, indiscernables du

---

1. La méréologie est l'étude logique des rapports entre un tout et ses parties. Pour tout ensemble arbitraire d'objets (par ex. Socrate et le Parthénonon), il existe un tout composé exactement de ces objets (ici : Socrate + Parthénon). Ce tout est la somme méréologique de ses parties.

nôtre, qui pensent également être actuels. Et dans ce cas, si l'actualité est une propriété absolue et unique, nous n'avons pas plus de raison de croire que nous sommes actuels que ces individus dans d'autres mondes qui pensent également être actuels. Puisque la conséquence – à savoir le doute sur l'actualité de notre monde – est absurde, l'une des prémisses doit être fausse. Selon Lewis, cette prémisse c'est l'affirmation du caractère absolu de l'actualité. Il s'agit au contraire d'une propriété relative, et, du point de vue sémantique, l'expression « actuel » a le même rôle que les déictiques temporels et spatiaux comme « maintenant » ou « ici » : chaque moment du temps est, de son propre point de vue, un « maintenant » ; de même que chaque lieu est de son propre point de vue un « ici », sans qu'il y ait un temps ou un lieu privilégiés. De même, l'actualité est indexicale : chaque monde est actuel du point de vue de ses habitants.

Vient enfin la thèse la plus importante du point de vue des modalités, la *plénitude* des mondes possibles. Afin que la réduction des modalités à la quantification sur les mondes possibles soit adéquate, il faut que la totalité des mondes possibles représente l'ensemble des possibilités, qu'il n'y ait pas en quelque sorte de « trous dans l'espace logique » c'est-à-dire dans la structure des mondes possibles. Réciproquement, les mondes possibles ne doivent pas excéder les limites du possible. Cette double exigence est satisfaite dans la théorie lewisienne, par une approche combinatoire de la modalité et des mondes possibles. L'idée est que toute combinaison d'entités est une possibilité. Il n'y a aucune restriction aux recombinaisons, sinon une restriction spatio-temporelle. Lewis nomme cela le Principe de recombinaison qui s'énonce ainsi :

> Une chose peut coexister avec n'importe quelle chose, à
> condition qu'elles occupent des régions d'espace-temps
> distinctes – ou réciproquement : n'importe quoi peut ne pas
> coexister avec n'importe quoi.

Ce principe stipule que si, par exemple, un dragon peut
exister et si par ailleurs une licorne peut exister, alors il y a un
monde possible dans lequel tous deux coexistent. Il est clair
que l'application de ce principe permet d'élargir indéfiniment
la sphère des mondes possibles : dès que l'on accepte l'existence de quelques mondes possibles, ce « copier-coller » métaphysique qu'est le principe de recombinaison garantit l'existence d'une infinité de mondes possibles[1]. Notons que la
distinction spatio-temporelle des entités recombinées est
l'unique condition restrictive. Il n'y a pas de restrictions caté-
gorielles. Ainsi dans le monde actuel Aristote est un homme et
le Nil un fleuve. Le principe de recombinaison implique qu'il
existe un monde possible dans lequel Aristote est un fleuve et
le Nil un homme[2].

De tout cela, il ressort, que ce « réalisme modal » s'apparente en fait davantage à une analyse réductionniste des
modalités. Le fondement des vérités et propriétés modales
réside dans l'extension de l'ontologie à des entités inactuelles,

1. Le principe de recombinaison ne garantit pas de lui-même la plénitude
des possibilités, car certains mondes possibles contiennent probablement des
propriétés qui ne sont pas exemplifiées dans notre monde. Ce sont des « possibilités *alien* » dans la terminologie de Lewis et celles-ci ne peuvent s'obtenir par
le seul recours au principe de recombinaison. Elles doivent être postulées.

2. Cet exemple est approximatif, car, pour Lewis, les particuliers ne sont
pas des sujets purs. En outre, aucune entité n'existe dans plus d'un monde, donc
il n'y a pas d'individu Aristote qui existe dans notre monde et dans ce monde
possible (cf. *Plurality of Worlds*, chap. 4).

mais réellement existantes et concrètes, les mondes possibles. Nous avons en effet mentionné au commencement la distinction entre les propriétés catégoriques (comme la masse d'une particule) et une catégorie de propriétés modales que sont les dispositions (comme la conductivité ou la fragilité d'un matériau). À l'aide de cette distinction, on peut dire que l'ontologie de Lewis n'admet que des entités et propriétés catégoriques, et qu'elle réduit les propriétés et faits modaux à une quantification sur des ensembles (les mondes) composés des premières. Si elle s'avère correcte, cette théorie constitue ainsi une réelle analyse du possible et du nécessaire, dans laquelle nulle modalité ne figure comme notion primitive.

Comment justifier néanmoins une théorie aussi éloignée du sens commun? L'obligation de justifier l'existence de ces mondes possibles est aussi indispensable que ceux-ci sont éloignés de celui-là. Mais elle ne peut faire l'objet d'une vérification empirique puisque ces autres mondes possibles n'ont par définition nulle relation spatio-temporelle au nôtre. Aucun télescope, si puissant soit-il, ne pourrait fournir une preuve d'existence de ces mondes[1]. Mais le fait qu'une théorie ne soit pas directement vérifiable dans l'expérience ne constitue pas un défaut rédhibitoire. D'après la célèbre thèse de Duhem et Quine du reste, il n'existe aucune expérience cruciale pour confirmer ou infirmer une théorie. Les critères pragmatiques de simplicité, fécondité explicative ou une composition des deux, sont requis afin de départager des théories scientifiques ou philosophiques concurrentes. L'acceptation d'une théorie doit donc plutôt s'appuyer sur l'évaluation du rapport entre

---

1. L'image est de S. Kripke, *La logique des noms propres*, p. 32.

son coût et ses bénéfices et une comparaison avec celui des théories concurrentes.

Du point de vue du bénéfice théorique, la théorie de Lewis présente l'avantage d'une extrême parcimonie conceptuelle [1]. Mais cette économie « idéologique » se paie en contrepartie d'une ontologie trop abondante. Nous avons en effet l'intuition que seul ce qui est actuel existe : les tigres blancs existent, parce qu'ils sont actuels ; les fantômes n'existent pas, parce qu'ils ne sont pas actuels. Que sont donc ces mondes possibles inactuels mais cependant bien réels, aussi réels que le monde actuel ? La première réaction à l'égard de cette théorie est l'incrédulité, et celle-ci entraîne une présomption largement défavorable à son égard. Mais malgré le prix théorique élevé, il en vaut la peine d'après Lewis, car il est impossible d'obtenir les mêmes avantages avec une ontologie moins éloignée du sens commun. Avant d'envisager les alternatives au réalisme modal, il nous faut toutefois examiner les objections directes à son encontre.

L'objection de la non-pertinence modale

Enrichir l'ontologie c'est ajouter des objets à la réalité. Or les modalités ne concernent pas les objets eux-mêmes, mais leurs modes [2]. « Le monde aurait pu être différent » : ce que nous voulons exprimer par ce genre d'énoncé, c'est l'idée qu'il

1. La fécondité du réalisme lewisien est manifeste : il permet de fonder une théorie des propriétés, des propositions, et des énoncés contrefactuels. Cf. *Counterfactuals*, Oxford, Blackwell, 1973 et *On the Plurality of Worlds*, chap. 1.

2. L'objection est de P. Van Inwagen, « Plantinga on Transworld Identity », dans J. Tomberlin et P. Van Inwagen (eds.), *A. Plantinga : Self-Profile*, Dordrecht, Reidel, 1985, p. 119.

y ait des alternatives à la réalité, alternatives qui nous empêchent de considérer le monde comme réel. En quoi l'existence d'autres régions spatio-temporelles déconnectées de nous – des mondes possibles lewisiens – concerne-t-elle la modalité ? Dans la formulation que Lewis lui donne, l'objection est que « davantage d'actualité n'est pas un substitut d'une possibilité non-actualisée »[1].

Celui-ci réplique que, puisque, dans son analyse, les modalités sont identiques à une quantification sur les mondes, il est évident que l'extension ontologique de la réalité concerne les modalités. Mais cette réponse n'est au fond rien d'autre qu'une pétition de principe. Nous avons d'un côté une conception préalable à toute théorie de ce que sont la nécessité et la possibilité ; de l'autre côté, une analyse réductionniste où la modalité est identifiée à une quantification sur les mondes possibles. Le problème soulevé par l'objection est que cette analyse ne rend pas compte de notre conception pré-théorique des modalités. En plaçant sa réponse sur le terrain même de son analyse, Lewis ne résout donc pas du tout l'objection.

L'impossibilité de la connaissance modale

Une autre conséquence, potentiellement désastreuse, est que le réalisme lewisien paraît incompatible avec une explication de l'acquisition de connaissances modales. Le réalisme des mondes possibles ne semble pas pouvoir intégrer une épistémologie modale[2]. Lewis présente l'objection en ces termes : « si le réalisme modal donne l'explication correcte du contenu de ce que nous savons en croyant une proposition modale

---

1. *On the Plurality of Worlds*, p. 98.
2. *Cf.* B. Hale « Modality » et le numéro consacré à l'épistémologie modale des *Études philosophiques*, n° 1 (2008).

quelconque, alors il n'est pas du tout possible qu'elle soit connue » [1]. Comment en outre nous assurer que le principe de recombinaison que nous appliquons à nos images mentales représente correctement la réalité modale? Afin de savoir s'il est possible que les citrons soient bleus, il faudrait que nous ayons le pouvoir d'examiner directement les mondes possibles et en trouver un dans lequel les citrons sont bleus. De même, nous ne pourrions savoir qu'il est impossible qu'une sphère soit intégralement verte et rouge en même temps, que si nous pouvions examiner l'ensemble des mondes possibles et constater qu'aucun monde ne contient une boule à la fois rouge et verte. Le problème est donc renforcé dans le cas du nécessaire et de l'impossible : il faudrait que notre capacité à concevoir les mondes possibles ne représente pas seulement certains d'entre eux, mais leur totalité, ce qui paraît hautement improbable. Mais reprenons l'objection plus générale. Ce qui y joue un rôle décisif, c'est l'idée que la connaissance repose sur une contrainte causale. Normalement, lorsque nous connaissons quelque chose, il y a une relation causale avec ce que nous connaissons. Ainsi je peux savoir qu'il y a un ordinateur devant moi, parce que ma croyance est fondée sur une perception visuelle, laquelle à son tour est causée (au moins partiellement) par la présence sur mon bureau de l'ordinateur lui-même.

Si nous disposions d'un télescope trans-monde, ou bien si nous étions pourvus d'une faculté de vision mentale, nous pourrions sans doute inspecter les différents mondes possibles et justifier par ce moyen nos croyances modales. Mais la première éventualité contredirait l'isolement des mondes possibles et est donc exclue. Quant à l'existence d'une faculté

---

1. *On the Plurality of Worlds*, p. 108.

spéciale de vision ou d'intuition des mondes possibles, elle semblerait plutôt relever d'une postulation *ad hoc* que d'une explication authentique.

Pourtant le réalisme des mondes n'exclut pas la connaissance modale d'après Lewis, et à cet effet il établit un parallèle avec le problème de la connaissance des vérités mathématiques[1]. Nous avons la certitude de connaître un ensemble de vérités mathématiques, bien que les énoncés mathématiques se réfèrent à des entités abstraites – nombres ou ensembles – avec lesquelles nous n'avons pas de relation causale. Il serait absurde de réviser l'ontologie mathématique simplement en vue de respecter la contrainte causale imposée par l'épistémologie courante. Notre savoir mathématique est beaucoup plus certain que notre théorie de la connaissance, c'est donc celle-ci qui doit se plier à celle-là et non l'inverse. Nous acceptons donc en mathématiques une exception légitime à la contrainte causale, réservée à la connaissance empirique. Il doit par conséquent être possible de résoudre pareillement le problème de la connaissance modale.

L'analogie ne lève que partiellement la difficulté. Il y a en effet une différence cruciale entre les entités mathématiques et les mondes possibles : les premières sont abstraites alors que les seconds sont concrets. Les croyances sur les mondes possibles devraient ainsi relever d'un mode de justification plus proche de celui des autres croyances empiriques que de celui de nos croyances mathématiques. Cependant, Lewis estime que c'est le caractère nécessaire ou contingent de ce qui est connu, et non le fait qu'il soit abstrait ou concret, qui

---

1. Lewis reprend un argument de P. Benacerraf; *cf.* « Mathematical Truth », dans P. Benacerraf et H. Putnam, *Philosophy of Mathematics. Selected Readings*, 2ᵉ éd., Cambridge, Cambridge UP, 1983.

constitue la ligne de partage pertinente. Ainsi mon savoir qu'il y a un ordinateur devant moi – exemple d'un savoir concernant un fait contingent – dépend causalement de la présence d'un ordinateur. Si j'étais en proie à une hallucination, j'ignorerais qu'il y a un ordinateur. Davantage, l'existence d'une relation causale appropriée est indispensable à la justification de ma croyance, même si elle était vraie. Supposons en effet que, sous l'influence de psychotropes, se forme dans mon esprit l'image d'un ordinateur face à moi et que, par ailleurs, il y ait effectivement un ordinateur sur la table devant moi. Dans ce cas, je ne pourrais prétendre *savoir* qu'il y a un ordinateur. En revanche, dans le cas de la connaissance mathématique, les conditions causales ne sont pas pertinentes. Aucune modification de l'environnement extérieur ne peut falsifier ma croyance que $2 + 2 = 4$. Notre connaissance de vérités nécessaires – dont les connaissances modales sont un cas particulier – ne dépend pas causalement de l'état du monde [1]. Ma croyance qu'il y a un monde possible dans lequel un citron est bleu ne peut être rendue fausse par quelque changement que ce soit survenant dans le monde.

On peut douter du caractère satisfaisant de cette réponse. Elle requiert notamment que toute connaissance modale soit *a priori*, ce qui exclut les nécessités *a posteriori* comme le fait que l'eau soit nécessairement H_2O. Afin d'obtenir cette connaissance, et comme pour toute connaissance *a posteriori*,

---

1. La causalité est analysée à l'aide de la notion de dépendance contrefactuelle. Cf. *Philosophical Papers*, vol. II, Oxford, Oxford UP, 1986. Un énoncé conditionnel contrefactuel est un énoncé conditionnel dans lequel l'antécédent mentionne une condition qui ne se réalise pas en fait, par exemple : « si l'allumette avait été frottée, elle se serait enflammée ». On dit que le fait que l'allumette s'enflamme dépend contrefactuellement du fait qu'elle soit frottée.

nous avons besoin d'un contact causal avec le liquide qui s'avère composé d'H_2O. D'un autre côté, l'application du Principe de recombinaison aux énoncés concernant l'essence, comme « l'eau est composée d'H_2O » les range dans la catégorie des vérités contingentes. Car, comme nous l'avons vu, nous pouvons concevoir qu'un liquide ayant les mêmes caractéristiques phénoménales que l'eau, un liquide transparent et inodore, possède une constitution chimique XYZ. Rien ne l'empêche *a priori* et rien n'empêche donc que nous ne croyions en la possibilité que l'eau ne soit pas H_2O. Mais si nos croyances modales sont justifiées par le simple usage dans l'imagination du principe de recombinaison, alors la théorie de Lewis exclut que « l'eau est H_2O » exprime une nécessité métaphysique. De la sorte, le réalisme modal implique une métaphysique anti-essentialiste et sape une raison cruciale de s'intéresser aux modalités : la reconnaissance de nécessités irréductibles à des notions épistémologiques, comme l'*a priori*, ou bien sémantiques, comme l'analytique. Cette conséquence constitue un argument décisif à l'encontre du réalisme des mondes possibles.

Le réalisme modéré : conceptions actualistes des mondes possibles

Cela nous invite à examiner certaines théories alternatives au réalisme de Lewis. Plutôt que de postuler l'existence d'un « multivers » d'entités concrètes et spatio-temporellement discontinues, on pourrait préserver l'idée selon laquelle les mondes possibles existent, à condition de les concevoir non comme des entités semblables à nous, mais comme des « manières dont les choses pourraient être ». C'est la position du réalisme modéré. Dans la mesure où *il y a* des mondes possibles servant de fondement métaphysique des vérités modales, il s'agit bien d'une forme de réalisme. Et il est modéré dans la mesure où tout ce qui existe est actuel. Il y a différentes versions de cette position, mais quelles qu'elles soient, elles sont toujours des théories actualistes, pour lesquelles « il y a des choses inexistantes » une proposition impossible et « tout ce qui existe est actuel » exprime une vérité analytique[1]. Le quantificateur universel « tout » est dépourvu de toute restriction. Cette position est beaucoup plus proche du sens commun que celle de Lewis. En effet, si quelqu'un prétend que les fantômes peuvent exister, nous ne pensons pas qu'il veuille dire « certes, les fantômes n'existent pas actuellement, mais ils existent bel et bien, dans d'autres mondes ». D'après le sens commun, il veut dire que les fantômes *pourraient* exister.

Il pourrait cependant sembler que l'actualisme menace l'existence du possible et des modalités. Car, supposons que je sois assis maintenant : je pourrais penser qu'il est logiquement possible que je sois debout maintenant. Or cette possibilité n'est pas quelque chose d'actuel ; donc, elle n'existe pas. Tel était probablement le raisonnement des Mégariques dont Aristote critique la conclusion au livre Θ de la *Métaphysique*, chap. 3, 1046b29-30. Ce dernier oppose à cette thèse la distinction de deux sens de l'être : l'être en acte et l'être en puissance, qui n'est pas un pur non-être mais un des sens de l'être. Pareillement, l'actualiste contemporain n'est pas nécessairement ce qu'Adams appelle un « actualiste radical » – lointain héritier des Mégariques – refusant tout simplement l'existence de mondes possibles. Il est possible d'être à la fois actualiste et

---

1. *Cf.* R. Adams, « Théories de l'actualité » trad. fr. dans E. Garcia et F. Nef, *Métaphysique contemporaine*, Paris, Vrin, 2007 ; A. Plantinga, « Actualism and Possible Worlds », dans M.J. Loux, *The Possible and the Actual*, Ithaca, Cornell UP, 1979.

partisan des mondes possibles si on pose que ceux-ci existent dans le monde actuel : c'est ce qu'Adams qualifie d'actualisme modéré.

Il s'ensuit, à l'encontre d'une thèse centrale de Lewis, que les mondes possibles ne sont pas des entités concrètes comme nous et ce qui nous entoure. Ils doivent exister d'une autre façon, comme des entités abstraites. Ainsi chaque monde possible est une certaine entité abstraite qui serait actualisée, si une réalité concrète lui correspondait. Les réalismes modérés diffèrent par le type d'entité dévolue à ce rôle : selon R. Stalnaker, il s'agit de propriétés; d'après A. Plantinga, d'états de choses; pour R. Adams de propositions[1]. Le choix d'une théorie plutôt qu'une autre n'est pas négligeable mais les conséquences concernent plutôt l'ontologie des objets abstraits que la métaphysique des modalités. Aussi, afin de simplifier, on ne discutera ici que la théorie selon laquelle les mondes possibles sont des propriétés.

Si un électron a une charge négative, c'est parce qu'il instancie la propriété d'avoir une charge négative. On peut considérer la propriété instanciée dans un électron particulier. Mais il est également possible de la considérer en elle-même. Et nous pouvons supposer que l'électron cesse d'exister sans que cesse d'exister la propriété. On peut ainsi supposer que la propriété d'avoir une charge négative n'est pas toujours instanciée. Si maintenant nous considérons le monde tout entier, tout ce qui existe, nous pouvons considérer cela comme un cas spécial d'instanciation d'une propriété tout aussi singulière : la « manière dont les choses sont ». Il existe une infinité

1. R. Stalnaker, « Possible Worlds », *Noûs* 10 (1976); A. Plantinga, *The Nature of Necessity*, chap. 4; R. Adams, « Théories de l'actualité ».

d'autres propriétés de ce genre, les différentes manières dont les choses pourraient être. Du point de vue relatif de chacun de ces mondes possibles, il est vrai que cette propriété est actualisée. Une seule d'entre elles est instanciée et donc actualisée de manière absolue, celle qui est instanciée par notre monde ; les autres existent de manière abstraite. Les mondes autres que le monde actuel sont dans ce cas des propriétés instanciables mais non-instanciées.

Il semblerait ainsi que le réalisme modéré préserve les avantages d'une explication des modalités à l'aide des mondes possibles dans le cadre d'une ontologie actualiste plus conforme aux intuitions du sens commun. Il permettrait de s'acheter à bas prix une place au « paradis des philosophes » selon la formule de Lewis. Mais il n'est pas exempt de toute critique. La première est ontologique : admettre une théorie de ce genre oblige à reconnaître l'existence de propriétés non-instanciées, d'universaux séparés des choses, ou encore d'états de choses ne correspondant à aucun fait, ce qui suppose l'adhésion à une forme de réalisme platonicien que beaucoup de philosophes d'inspiration nominaliste répugneraient à admettre.

Par ailleurs l'actualisme professé par le réaliste modéré semble impliquer l'existence nécessaire de tous les individus[1]. On peut au contraire supposer que le nombre total d'électrons n'est pas fixé nécessairement et qu'il aurait donc pu exister plus d'électrons qu'il n'en existe actuellement. Mais comment donner un sens à l'affirmation « il aurait pu y avoir plus d'électrons qu'il n'y en a » si l'on adopte l'actualisme et que l'on

---

1. *Cf.* M.J. Loux « Introduction », *The Possible and the Actual*, p. 54 et A. Plantinga, « Actualism and Possible Worlds ».

refuse toute réalité à ce qui n'appartient pas au domaine des entités qui existent actuellement ? Le réaliste modéré répond que l'énoncé précédent ne concerne pas des électrons concrets, mais des essences individuelles d'objets, qui jouent, pour les modalités *de re*, un rôle analogue à celui des mondes possibles pour les modalités *de dicto*. Ces essences individuelles sont également des propriétés abstraites instanciables, mais pas nécessairement instanciées : s'il est possible que l'univers contienne davantage d'électrons, c'est que certaines essences d'électrons ne sont pas instanciées. Toutefois, il faudrait admettre que le monde contiendrait une infinité d'essences individuelles non instanciées, ce qui ne représente pas seulement un coût ontologique important, mais surtout, une erreur de catégorie : un électron possible est possiblement un électron, mais il est impossible qu'une *essence* d'électron soit un électron[1].

Enfin, les mondes possibles sont des propriétés (ou des états de choses) instanciables, par contraste d'un côté avec le monde actuel qui est seul instancié et, d'un autre côté, avec des propriétés non-instanciables, comme la propriété d'être un cercle carré. Mais la notion d'instanciabilité est manifestement modale : « w est instanciable » est synonyme de « il est possible que w soit instancié ». Et une régression infinie s'engagerait si on substituait à ce dernier énoncé une quantification sur les mondes comme « il existe un monde w' tel que w est instancié dans w' », puisque w' est lui-même une propriété instanciable. Le réaliste modéré doit donc reconnaître le caractère premier ou inanalysable de la modalité.

1. *Cf.* K. Fine, « The Problem of Possibilia », dans M.J. Loux et D. Zimmerman, *The Oxford Handbook of Metaphysics*, Oxford, Oxford UP, 2003, p. 163.

Les mondes comme constructions logiques d'énoncés

Au vu des difficultés rencontrées par les deux approches réalistes, il paraîtrait plus raisonnable de se replier sur une position ontologiquement moins discutable. L'*ersatzisme linguistique*, selon la dénomination de Lewis, consiste à substituer aux abstractions problématiques du réalisme modéré (propositions, propriétés ou états de choses), des *ersatz* de mondes, conçus comme des simples constructions ensemblistes à partir d'énoncés. Un monde possible où les citrons sont bleus et les poissons ont des poumons et des branchies est un ensemble incluant les deux énoncés « les citrons sont bleus » et « les poissons ont des poumons ct des branchies » ainsi que d'autres énoncés décrivant ce qui se produit dans ce monde possible. Mais quels ensembles d'énoncés sont des mondes ? Considérons la totalité des énoncés logiquement simples ou atomiques, il s'agit de tout ensemble sélectionnant un élément de chaque paire constituée d'un énoncé et de sa négation[1]. Ces *ersatz* de mondes sont littéralement des « histoires complètes et consistantes »[2] ou encore des livres de mondes, non sans rapport avec ce que décrit J.-L. Borgès, dans « la Bibliothèque de Babel ». Le coût ontologique est allégé puisque les mondes possibles ne sont pas des entités supplémentaires représentées par ces énoncés, mais les énoncés eux-mêmes. Cette théorie paraît ainsi très prometteuse, en associant une ontologie parcimonieuse aux avantages des sémantiques des mondes possibles.

---

1. Ce que Carnap appelait des descriptions d'état ; cf. *Signification et nécessité*, trad. fr. Paris, Gallimard, 1997, p. 58. Sur la théorie linguistique des mondes possibles, *cf.* J. Melia, *Modality*, chap. 7.

2. *Plurality of Worlds*, p. 142.

Cependant d'importantes objections sont rencontrées par l'*ersatzisme*. En premier lieu, un monde possible n'est pas constitué par n'importe quel ensemble d'énoncés. Ainsi dans l'exemple qui précède, les deux énoncés «les citrons sont bleus» et «les poissons ont des poumons et des branchies» fournissent une description incomplète d'un monde possible. L'ensemble doit être beaucoup plus important. Supposons une description quasi complète D du monde, mais dans laquelle ne figure aucun énoncé concernant l'existence de citrons bleus. Cette description pourrait convenir à deux mondes possibles distincts : l'un constitué par «D & il existe des citrons bleus»; l'autre par «D & il n'existe pas de citrons bleus». Une description D est *maximale* si et seulement s'il n'est pas possible de lui ajouter un énoncé quelconque p; en d'autres termes si et seulement si, quel que soit p, la conjonction «D & p» est inconsistante. En outre, cette description est la description d'un monde possible si elle est elle-même consistante. Cette dernière condition est essentielle si l'on ne veut pas qu'un monde dans lequel, par exemple, un célibataire serait une personne mariée soit un monde possible. Or l'énoncé «les célibataires sont des personnes mariées» fait partie de la totalité des énoncés. On retrouve ainsi le problème leibnizien – pourquoi tous les possibles n'existent-ils pas? – en des termes nouveaux : pourquoi l'ensemble de tous les énoncés n'est-il pas lui-même un monde possible, à la limite le seul monde possible? Et, de même que Leibniz soutient que tous les possibles ne sont pas compossibles et que les mondes possibles sont des collections d'entités compossibles, de même l'*ersatziste* linguistique ajoute la condition de consistance à la définition des mondes.

Mais l'*ersatziste* ne peut rendre compte de cette notion de consistance sans présupposer une modalité primitive. Partons de la tentative suivante : 1) un ensemble d'énoncés est déclaré consistant, si tous les membres de l'ensemble *peuvent* être vrais ensembles et 2) un énoncé atomique, s'il *peut* être vrai. Cette caractérisation de la consistance repose deux fois sur la notion de possibilité et ne peut donc pas servir à analyser la modalité. L'*ersatziste* pourrait alors recourir à une caractérisation formelle de la consistance, comme la consistance logique. Un énoncé est logiquement consistant si et seulement si, quelle que soit l'interprétation de ses termes en dehors des constantes non logiques, il ne contient pas une contradiction explicite ou la négation d'un théorème logique. Certes, la consistance logique exclut des mondes possibles un ensemble contenant à la fois « ce qui est intégralement rouge n'est pas vert » et « ce qui est intégralement rouge est vert ». Toutefois ce dernier énoncé est logiquement consistant au sens étroit, puisqu'il existe des interprétations d'énoncés partageant la même forme logique « $\forall x(Fx \supset Gx)$ » dans lesquels ils sont vrais (par exemple « les chats sont des mammifères »). Afin que cet énoncé ne fasse partie d'aucun monde possible, il faudrait ajouter « ce qui est intégralement rouge n'est pas vert » aux axiomes de la théorie. Mais à défaut d'une acceptation indépendante des vérités modales, il faudrait ajouter arbitrairement aux axiomes de la théorie non seulement cet énoncé, mais un nombre indéfini d'autres du même genre. La consistance logique au sens étroit ne permet donc pas de rendre compte de la différence entre les mondes possibles et ceux qui ne le sont pas. C'est la raison pour laquelle l'analyse des modalités proposée par l'ersatziste linguistique est vouée à la circularité, à moins de reconnaître le caractère primitif de la modalité.

*Les mondes possibles et le dilemme de l'*Euthyphron

Les principales alternatives formulées en termes de mondes possibles à la théorie de Lewis ne présentent pas donc pas la perspective d'une analyse des modalités et ne sont pas en mesure d'offrir le paradis du philosophe au rabais. Il existe en outre une objection, décisive à nos yeux, qui s'applique à toutes les analyses des modalités en termes de mondes possibles. D'après cette objection, elles sont toutes fondamentalement inadéquates. Rappelons d'abord le schéma général dont nous sommes partis :

1) *p* est possible ssi *p* est vrai dans au moins un monde possible
2) *p* est nécessaire ssi *p* est vrai dans tous les mondes possibles.

Ces deux équivalences soulèvent la même question que celle de Socrate dans l'*Euthyphron* (9d-10a). Euthyphron définit le pieux comme celui qui est aimé de tous les dieux. Sur quoi Socrate interroge : est-ce a) parce qu'untel est aimé des dieux qu'il est pieux ? ou bien est-ce b) parce qu'il est pieux qu'il est aimé des dieux ? Celui qui répond (a) propose une analyse réductive de la piété, puisque son analyse ne comporte aucun concept relatif à la piété (ici l'amour porté par les dieux). Celui qui en revanche répond (b) doit reconnaître qu'il ne peut y avoir d'analyse réductionniste de la piété. Pour notre propos, le dilemme prend la forme suivante : est-ce a') parce que *p* est vrai dans tous les mondes possibles que *p* est néces- saire ? Ou bien est-ce l'inverse, b') parce que *p* est nécessaire que *p* est vrai dans tous les mondes possibles ?

La théorie de Lewis, qui prétend analyser les modalités à l'aide des mondes possibles, doit soutenir (a') sous peine de ne plus être une analyse de la modalité. Toutefois, si la totalité des ensembles d'objets reliés spatio-temporellement est le fondement des vérités modales, alors cette totalité doit satisfaire deux conditions. Elle ne doit pas inclure trop de mondes d'un côté, ni de l'autre en exclure. Le problème est alors le suivant : ou bien 1) le réaliste modal ne satisfait pas ces deux conditions et sa théorie est soit inadéquate soit arbitraire ; ou bien 2) il satisfait ces deux conditions, mais alors il ne propose pas une analyse des modalités et s'appuie implicitement sur des modalités inanalysées ou primitives, ce qui revient à accepter (b').

En effet, considérons d'abord la seconde condition : s'il n'y avait, par exemple, que 17 mondes possibles, rien ne garantirait qu'ils épuisent l'ensemble des possibilités. Il pourrait se faire qu'aucun de ces 17 mondes ne contienne un seul citron bleu, ce qui aurait pour conséquence de transformer une possibilité apparente en une impossibilité. Le principe de recombinaison a précisément pour fonction de pallier ce défaut. Ce principe stipule en effet que, pour toute possibilité envisageable, il existe un monde possible correspondant. Et d'après le réalisme modal, la correspondance entre l'ensemble des mondes possibles et celui des possibilités est un fait brut, inexplicable.

Le problème est que ce fait ne permet pas de rendre compte de la nécessité[1]. En effet, dans le monde actuel, nous savons que la généralité d'un fait n'est pas une garantie de sa nécessité, car il peut s'agir d'une simple généralisation accidentelle. Selon un exemple de Popper, « tous les moas[2] meurent avant 50 ans » est un énoncé vrai, mais non-nécessaire. Les moas auraient pu mourir au-delà de 50 ans. La vérité dans le monde

1. Je suis ici l'argumentation suggestive de G. Molnar, *Powers*, Oxford, Clarendon Press, 2003, p. 217-219. *Cf.* S. Shalkowski, « The Ontological Ground of Alethic Modality ».

2. Une espèce d'oiseaux de Nouvelle-Zélande, éteinte depuis deux siècles.

actuel d'un énoncé universel n'implique évidemment pas sa nécessité. Or le réalisme modal implique que si, en élargissant le domaine de quantification à tous les mondes possibles, nous découvrions que cet énoncé est vrai, alors cet énoncé exprimerait une proposition nécessaire. Le simple fait d'étendre la portée de la quantification, du monde actuel à la totalité des mondes, est censé provoquer un changement de modalité de l'énoncé. Cela paraît beaucoup moins raisonnable que la conclusion contraire, autrement dit qu'un énoncé peut être à la fois vrai dans tous les mondes *et* contingent. Ou alors, il faut que le réaliste prétende que ces mondes épuisent la totalité des mondes *possibles*. Mais c'est ici qu'intervient la première des deux conditions précédentes qui stipule que les mondes possibles ne doivent pas inclure d'impossibilités (des cercles carrés par exemple). Comment s'assurer que tel est bien le cas ? En d'autres termes, comment s'assurer, sans circularité, que les mondes sont exclusivement des mondes *possibles* ? La tâche est clairement impossible pour le réalisme modal, comme pour les autres théories des mondes possibles. Ainsi, quand bien même les mondes possibles seraient un instrument utile pour représenter les raisonnements modaux, nous devrions renoncer à définir la nécessité comme la vérité dans tous les mondes possibles. Dès lors, il convient de chercher ailleurs la source de la nécessité.

La nécessité provient-elle de l'esprit ?

Afin de progresser dans l'explication de la nécessité, il nous faut partir de nouveau des deux questions initiales. D'abord, comment rendre compte du caractère contraignant de la nécessité ? Ensuite, comment pouvons-nous connaître la nécessité? La difficulté à répondre à ces questions provient peut-être de la conviction qu'il y a des faits correspondant à nos énoncés de nécessité, autrement dit du fait que nous jugeons que « nécessairement p » exprime quelque chose de plus que le simple fait que p. Si cette conviction est la source des difficultés, alors un progrès dans la compréhension de la nécessité serait envisageable à partir de l'attitude contraire, en affirmant qu'à une vérité de la forme « nécessairement p » ne correspond aucun fait modal, bien que les concepts modaux aient un sens. Les différentes formes de cette conception sont connues sous le nom de non-cognitivisme.

La conventionnalisme classique, défendu entre autres par R. Carnap, A.J. Ayer et les empiristes logiques, est une forme de non-cognitivisme. Dans sa version la plus simple, le conventionnaliste affirme que toute vérité nécessaire est une définition ou bien repose sur une définition. Renversant l'adage, il affirme que l'invention est mère de la nécessité. Ayer décrit clairement cette position et en explique les motivations [1]. Au contraire du rationaliste qui admet une source de justification *a priori*, l'empiriste est en proie à un dilemme : ou bien il doit renoncer au caractère nécessaire des vérités mathématiques ou logiques, abaissées au rang de simples généralisations inductives; ou bien ces propositions sont dépourvues de contenu factuel, mais alors on voit mal en quoi il s'agit de vérités. Il faudrait donc renoncer soit à la nécessité, soit à la vérité de ces propositions. Il n'est possible de s'extraire de ce dilemme, selon Ayer, que si l'on saisit que la vérité nécessaire de ces propositions – qui sont toutes des tautologies ou des

---

[1]. *Language, Truth, and Logic*, 2ᵉ éd., New York, Dover Publications, 1952, chap. 4.

vérités analytiques – vient de ce qu'elles constituent les *règles de l'usage du langage*. Nous sommes capables de connaître les vérités nécessaires, par exemple « 2 + 2 = 4 », parce qu'elles dépendent entièrement de la signification des termes et que cette dernière est établie par nos conventions linguistiques. C'est par une décision que nous fixons les règles d'usage des symboles de l'addition et de l'égalité et que nous donnons une signification aux symboles « 2 » et « 4 ». Toute proposition nécessaire ne fait ainsi, « qu'enregistrer notre détermination à employer les mots d'une certaine façon. Nous ne pouvons les nier sans rompre les conventions qui sont présupposées par notre négation elle-même, tombant ainsi dans la contradiction avec nous-mêmes. Et ceci est le seul fondement de leur nécessité » [1]. Le conventionnalisme apporte une réponse simple à la question de la connaissance de la nécessité : notre usage des signes linguistiques, fondé ultimement sur des conventions arbitraires, est l'unique source de la nécessité de certains énoncés.

En dépit de son élégance théorique, cette position est difficilement tenable. Tout d'abord, le conventionnaliste part d'une distinction tranchée entre l'analytique et le synthétique et réduit toute nécessité absolue à l'analyticité. Mais nous avons discuté plus haut l'argument de Quine contre la première distinction et rappelé, avec le nécessaire *a posteriori*, que toute nécessité absolue n'est pas analytique.

Surtout, le conventionnaliste paraît incapable de rendre compte du caractère *contraignant* de la nécessité dans la mesure où il la fonde sur un fait contingent, car arbitraire : l'acte par lequel est instaurée la signification d'un terme ou

---

1. *Language, Truth, and Logic*, *op. cit.*, p. 84.

bien l'adoption d'une règle concernant l'usage d'une particule logique[1]. En effet, si « tous les lièvres sont des mammifères » est vrai en raison des définitions de « lièvre » et de « mammifère », on comprend mal comment « nécessairement les lièvres sont des mammifères » pourrait être vrai, étant donné que le terme « lièvre » aurait pu signifier ce que nous désignons actuellement par le mot « ordinateur ».

Une conception non-cognitiviste plus adéquate doit donc retenir l'idée selon laquelle le discours modal n'est pas factuel tout en rendant compte du caractère contraignant de la nécessité. Bob Hale caractérise ainsi cette position :

> le non-cognitiviste soutient que c'est une erreur philosophique de considérer, lorsque nous déclarons qu'une assertion est nécessaire, que nous affirmons une quelconque vérité (ou fausseté) supplémentaire (c'est-à-dire en plus de la vérité ou de la fausseté exprimée par l'assertion déclarée nécessaire). Il faut rejeter la conception recognitionnelle, tout simplement parce qu'il n'y a rien à reconnaître. Au contraire, accepter ou déclarer une assertion comme nécessaire, c'est s'engager à une ratification non-cognitive – embrasser une attitude (*policy*) d'une certaine sorte… La nécessité est conférée, non connue. Ou bien, en des termes récemment à l'honneur, la nécessité n'est pas l'objet d'une détection mais d'une projection[2].

---

1. Pour la critique du conventionnalisme, *cf.* A. Pap, *Semantics and Necessary Truth*, chap. 7, J. Bouveresse, *La force de la règle. Wittgenstein et l'invention de la nécessité*, Paris, Minuit, 1987, en particulier chap. 8. Une autre critique importante est qu'il implique une régression à l'infini des conventions. *Cf.* Quine, « Truth by convention », dans *Ways of Paradox*, Harvard, Harvard UP, 1966.

2. « Necessity, Caution, and Scepticism », *Proceedings of the Aristotelian Society, Supplementary Volumes*, 63 (1989), p. 176.

Dans les domaines moraux et esthétiques, cette position est familière. Il est possible de rendre compte du jugement selon lequel l'*Astronome* de Vermeer est beau sans postuler une propriété *sui generis* telle que la beauté, irréductible aux propriétés naturelles du tableau (la répartition des tâches de couleur, le trait du pinceau, la nature de la toile, etc., *i.e.* tout ce qui peut s'expliquer par ses propriétés physiques et chimiques). Le non-cognitiviste peut expliquer ce jugement par le plaisir particulier ressenti par le spectateur, sa consonance avec certaines de ces attentes, affectives et sociales, etc. De même, sur le plan éthique, nous pouvons rendre compte de l'affirmation que le courage est une vertu, sans postuler l'existence d'un fait spécifiquement moral, mais à partir de certains faits propres à la psychologie humaine (sans préjuger de leur éventuel conditionnement sociologique et anthropologique), par exemple le plaisir éprouvé devant les actes d'un individu courageux [1].

Il est possible d'adopter la même position pour la nécessité et les autres modalités. Partons de la notion de nécessité causale. D'après Hume, la conjonction constante de deux événements A et B produit en nous l'idée selon laquelle A est la cause de B. Mais dans l'idée de causalité, il n'y a pas seulement l'idée de conjonction constante et de succession temporelle d'un événement par rapport à un autre, nous pensons en outre qu'il y a une connexion nécessaire entre A et B. Pourtant il n'y a nulle contradiction à ce que A se produise mais pas B. D'où vient alors l'idée de connexion nécessaire ? Hume répond ainsi : la nécessité qui unit la cause à l'effet réside dans la détermination de l'esprit à anticiper l'existence de B à partir

---

1. D. Hume, *Traité de la nature humaine*, III, I, 2 et A.J. Ayer, *Language, Truth, and Logic*, chap. 6 défendent chacun une forme différente de non-cognitivisme éthique.

de celle de A. Fondamentalement la nécessité causale est le résultat d'une projection de notre esprit sur le monde, plus précisément, elle consiste à prendre pour un fait ce qui provient simplement d'une habitude mentale qui rend difficile le fait de penser A sans B[1]. À propos de la nécessité logique elle-même, Hume soutient une position analogue :

> La nécessité qui fait que deux fois deux font quatre, ou que les trois angles d'un triangle égalent deux droits, ne se trouve que dans l'acte de l'entendement par lequel nous considérons et comparons ces idées[2].

L'acte d'esprit par lequel nous considérons que nécessairement 2 + 2 est égal à 4 ne repose pas sur l'expérience d'une conjonction constante dans le passé, ce qui distingue la nécessité logique de la simple nécessité causale. Nous sommes en effet incapables de concevoir que 2 + 2 ne soit pas égal à 4. Mais cette incapacité ne repose pas sur des relations objectives entre des idées indépendantes de l'esprit ou encore sur des faits mathématiques. Elle découle de la structure de notre esprit. Cela ne veut pas dire que le concept de nécessité se réfère à une attitude ou une structure de notre esprit, pas plus qu'un jugement moral ne fait référence à un état psychologique. Le projectivisme humien se présente au contraire ainsi. L'assertion « *p* est bon » *exprime* et est causée par un état psychologique de celui qui produit ce jugement, sans toutefois *asserter* ou se *référer à* l'existence de cet état. De même, « *p* est (logique-

---

1. Hume, *Traité de la nature humaine*, I, III, 14, trad. fr. Barenger-Saltel, Paris, GF-Flammarion, 1995, p. 242 : « la tendance, que produit la coutume, à passer d'un objet à l'idée de son concomitant habituel, telle est l'essence de la nécessité. Somme toute la nécessité est quelque chose qui existe dans l'esprit, non pas dans les objets… ».

2. *Ibid.*

ment) nécessaire », exprime et est causé par une incapacité (complète) à concevoir *non-p*, sans toutefois asserter ou faire référence à cette incapacité mentale. L'explication de la nécessité et des autres modalités repose donc sur la connaissance de l'esprit humain et de ses capacités, et dépend ainsi de faits empiriques ou naturels le concernant.

Le projectivisme simplifie considérablement le problème de la connaissance modale. A ce sujet, il convient de nous pencher sur deux principes qui exercent un rôle essentiel dans la constitution de nos croyances modales [1]. Il s'agit du principe de concevabilité et de son pendant négatif :

> 1) Si *p* est concevable, alors *p* est possible.
> 2) Si *p* est inconcevable, alors *p* est impossible.

Ces deux principes sont les seuls guides de la connaissance modale, étant donné que l'expérience seule ne nous permet pas de déterminer ce qui est nécessaire et ils sont très couramment employés en philosophie. Le premier est ainsi accepté sans réserves par Descartes et Hume. Celui-là affirme en effet :

> Et premièrement, parce que je sais que toutes les choses que je conçois clairement et distinctement peuvent être produites par Dieu telles que je les conçois [2].

Bien qu'il accorde une valeur moindre au second principe [3], Descartes le met toutefois en pratique dans certains cas, notamment celui de l'existence de Dieu :

---

1. *Cf.* T. Szabo Gendler et J. Hawthorne, *Conceivability and Possibility*, Oxford, Clarendon Press, 2003, en particulier l'introduction.

2. *Œuvres*, P. Adam et C. Tannery (éd.), Paris, 1897-1913, 11 vol., Paris, Vrin, 1964 *sq.* (dorénavant cité AT), *Méditation sixième*, AT IX, p. 62.

3. En raison de sa doctrine de la création des vérités éternelles que nous commentons plus loin.

De cela seul que je ne puis concevoir Dieu sans existence, il s'ensuit que l'existence est inséparable de lui [1].

De son côté, Hume affirme les deux principes en un même passage :

C'est une maxime établie en métaphysique, que tout ce que l'esprit conçoit clairement inclut l'idée d'existence possible, ou en d'autres termes, que rien de ce que nous imaginons n'est absolument impossible. Nous pouvons former l'idée d'une montagne d'or et de là nous concluons qu'une telle montagne peut exister actuellement. Nous ne pouvons former aucune idée d'une montagne sans une vallée, et donc nous considérons cela comme possible [2].

Cependant, sous le parallélisme des formulations humienne et cartésienne, se cachent des différences radicales. En premier lieu, selon Hume, concevoir p revient à imaginer p (ce qui pour Hume implique la possession d'une image sensorielle d'une situation dans laquelle p serait vraie). Pour Descartes au contraire, la conception claire et distincte, qui permet de conclure à la possibilité, relève de l'entendement et nullement de l'imagination. Cette différence de fondement cognitif de la concevabilité est fondamentale : nous sommes incapables en effet d'imaginer la division à l'infini d'une ligne droite, alors que nous pouvons la concevoir – par l'application récursive de l'opération de division. Surtout, le rapport entre le concevable et le possible est inverse pour les deux philosophes. Selon Descartes, la concevabilité est une preuve, une mise en évidence, d'une possibilité qui subsiste

---

1. *Méditation cinquième*, AT IX, p. 53.
2. *Traité de la nature humaine* I, 2, 2, p. 83.

objectivement, indépendamment de l'activité de notre esprit[1]. Selon Hume au contraire, les modalités sont la projection sur le monde de nos capacités et incapacités à concevoir certains états de choses. La nécessité d'un fait ou d'une vérité est littéralement constituée par notre incapacité à imaginer une situation dans laquelle le contraire serait vrai. Les deux principes ne sont pas seulement des guides épistémiques dans le domaine modal, ils explicitent l'origine des modalités elles-mêmes.

Ce détour historique montre que le problème de la justification de nos croyances modales est nettement plus facile à résoudre pour un non-cognitiviste héritier de Hume, que pour le cognitiviste héritier de Descartes. Pour ce dernier, notre incapacité à concevoir quelque chose justifie notre croyance en la nécessité du contraire. Mais cette transition de la pensée à l'être est extrêmement problématique. Ce qui apparaît inconcevable à une époque peut le devenir à une autre. Avant la découverte des géométries non-euclidiennes, il apparaissait inconcevable que par un point donné il passe plus ou moins d'une seule parallèle à une droite donnée. Or avec les géométries riemaniennes cela est devenu concevable. De même ce qui est concevable peut s'avérer impossible[2]. Nos

---

1. « Non pas que ma pensée puisse faire que cela [l'existence inséparable de l'essence de Dieu] soit de la sorte, et qu'elle impose aux choses aucune nécessité ; mais, au contraire, parce que la nécessité de la chose même, à savoir de l'existence de Dieu, détermine ma pensée à le concevoir de cette façon », *Méditation cinquième*, AT IX, 53.

2. Les illusions modales rendues possibles par les cas de nécessité *a posteriori* sont une source de préoccupation surtout pour le non-cognitiviste : si nous nous méprenons sur une possibilité, c'est que nous nous méprenons sur nos propres capacités de conception, ce qui est peu vraisemblable. La nécessité

capacités cognitives sont en général variables, conditionnées par notre environnement ; elles évoluent dans le temps, ce qui n'en fait pas des guides fiables de nos croyances modales. Par ailleurs, on ne peut comprendre quel mécanisme physiologique nous mettrait en contact avec une réalité dépassant le champ de l'expérience. La seule solution offerte au cognitiviste est alors un renoncement à l'exigence cartésienne d'une justification absolue de toute croyance. Au contraire nos capacités de conception modale ne sont que des fondements faillibles ou encore « défaisables » de nos croyances modales.

Résumons : l'anti-cognitiviste est en position favorable pour rendre compte à la fois de la nature de la nécessité et de la connaissance que nous en avons. Néanmoins le cognitiviste est encore en mesure de défendre sa position, à la condition de renoncer à l'exigence d'une justification infaillible de nos croyances modales. Existe-t-il un moyen de trancher le différend entre eux, et de préférer une position à l'autre, ou bien cette opposition conduit-elle à une impasse ? Afin de trancher dans cette dispute, il faut disposer d'un critère de factualité du discours accepté des deux parties. Le critère proposé par Crispin Wright a constitué le cadre des discussions récentes :

> Les assertions d'une certaine classe sont aptes à l'expression d'authentiques faits seulement s'il y a des contextes – dans lesquels le vague, les différences admises dans les seuils d'évidence ne sont pas concernés – dans lesquels les différences entre les opinions concernant l'une des assertions en question ne peuvent s'expliquer *a priori* que par la manifestation d'une

a posteriori plaide donc pour une antériorité d'une réalité modale sur nos capacités de conception.

ignorance matérielle, d'une erreur ou d'un préjugé de la part de quelques uns ou de tous les protaganistes [1].

Ce critère exprime l'idée que lorsque deux personnes s'opposent sur la vérité d'une assertion factuelle, il doit y avoir une limite au-delà de laquelle cesse toute opposition. Si le désaccord est absolu – ne reposant pas sur l'erreur, l'ignorance, ou des préjugés – c'est que le discours n'est pas factuel. Ainsi, on peut concevoir que deux individus possèdent chacun le sens de l'humour et s'opposent pourtant sur le caractère drôle d'un même film, qu'ils ont tous deux vus, dont ils se souviennent avec la même exactitude et à l'égard duquel ils n'ont pas de préjugés divergents (sur le sujet traité, un acteur, etc.). la possibilité théorique d'un désaccord aussi absolu – reposant exclusivement sur la caractérisation du film comme drôle – implique d'après le critère de Wright le caractère non-factuel du discours impliquant la notion d'humour, conclusion qui s'accorde avec le point de vue du sens commun, exprimé dans l'adage *de gustibus non disputatur*.

Qu'en est-il du discours modal? Un désaccord absolu, qui ne serait imputable ni à l'erreur, ni à l'ignorance ni au préjugé, est-il envisageable? Il semble à première vue que le caractère nécessaire d'une proposition ou d'une inférence ne donne pas prise à la même indécision que le caractère humoristique d'un film. Le non-cognitiviste affirme toutefois l'analogie entre les deux cas. Afin d'établir cela, C. Wright a eu recours à la fiction de l'Homme Prudent (*Cautious Man*). Le cas de la nécessité logique servira ici de paradigme. Supposons l'inférence syllogistique suivante : « tous les hommes sont mortels ; Socrate est

---

1. C. Wright, « Inventing Logical Necessity », dans J. Butterfield (ed.), *Language, Mind, and Logic*, Cambridge, Cambridge UP, 1986, p. 199-200.

un homme ; donc Socrate est mortel ». La question oppose ici le cognitiviste (appelé ici l'Homme Normal) et l'Homme Prudent. Tous deux acceptent la validité de l'inférence précédente. Mais ils divergent sur le statut du conditionnel correspondant à l'inférence : « si tous les hommes sont mortels et Socrate est un homme, alors Socrate est mortel ». L'Homme Normal considère que le conséquent du conditionnel ne peut pas être faux si l'antécédent est vrai et infère que le conditionnel correspondant à une inférence valide est nécessairement vrai. L'Homme Prudent s'oppose sur ce point. Bien qu'il reconnaisse que le conséquent soit vrai chaque fois que l'antécédent l'est, et même s'il est incapable de concevoir sa fausseté quand l'antécédent est vrai, il refuse toutefois de franchir l'étape ultérieure et de conclure à la nécessité du conditionnel tout entier. Autrement dit, sa prudence se traduit par le refus de tenir les limites de ses capacités cognitives pour les marques d'une nécessité objective. Si la fiction de l'Homme Prudent est possible, alors l'application du critère de Wright sonne la défaite du cognitivisme.

La discussion de l'argument de Wright a donné lieu à une littérature relativement abondante et technique[1]. On remarquera simplement ici que l'attitude de l'Homme Prudent ne peut s'appliquer à toute vérité nécessaire. Un cas exemplaire est le principe de contradiction, autrement dit « non (*p* et non-*p*) ». Il ne peut plus affirmer avoir simplement constaté qu'aucune assertion n'était vraie en même temps que sa négation sans pouvoir conclure *a priori* à l'impossibilité absolue

1. Citons, outre C. Wright, E.J. Craig « Arithmetic and Fact », dans I. Hacking (ed.), *Exercises in Analysis*, Cambridge, Cambridge UP, 1985 ; S. Blackburn « Morals and Modals », dans G. MacDonald et C. Wright (eds.), *Fact, Science, and Morality*, Oxford, Oxford UP, 1986.

que cela se produise. En effet, la négation est une fonction de vérité, de telle sorte que si l'on dispose d'une méthode pour établir la valeur de vérité d'une assertion, celle de sa négation est automatiquement déterminée. Celui qui maintiendrait que la valeur de vérité de non-*p* représente une question *a priori* ouverte, quand celle de *p* est déjà connue, manifesterait plutôt une incapacité à saisir le concept de négation. Pour que la question soit ouverte, il faudrait qu'il y ait un « écart épistémique » entre une proposition et sa négation, ce qui est absurde. Il ne saurait donc y avoir de désaccord absolu sur la vérité de la version modalisée du principe de contradiction : « nécessairement non(*p* et non-*p*) ». Aussi le non-cognitiviste doit-il admettre que son critère de factualité conduit, au moins dans certains cas, à reconnaître au discours modal un caractère objectif. Plus généralement, le cognitivisme à l'égard de la nécessité peut espérer venir à bout des conflits insolubles d'opinions modales – qui plaident en faveur du non-cognitivisme – dès lors que les notions modales elles-mêmes sont davantage clarifiées, précisées et approfondies.

CONCLUSION : VERS UNE CONCEPTION RÉALISTE ET NON-RÉDUCTIONNISTE DE LA NÉCESSITÉ

Nous avons exposé plusieurs tentatives d'explication de la nécessité qui nous sont apparues infructueuses : 1) éliminer la nécessité et les autres notions modales, comme autant de reliques d'un âge passé de la pensée humaine (*éliminativisme*); 2) réduire la nécessité à un ensemble de faits concernant l'esprit humain – ceux-ci incluant non seulement des faits strictement psychologiques, mais également anthropologiques voire sociologiques (*non-cognitivisme*); 3) considérer qu'elle reflète des faits objectifs tout en réduisant les modalités à des relations entre des entités spéciales que sont les mondes et les individus possibles (les différentes *théories des mondes possibles*). Face aux embarras que suscite chacune de ces positions, il nous semble préférable d'adopter une conception non-réductionniste de la nécessité et des modalités métaphysiques en général. On pourrait nommer « primitivisme » une telle conception qui serait une forme spécifique de cognitivisme.

D'après le primitivisme, le discours modal est assertorique, il porte sur des faits spéciaux, les faits de la modalité, mais ces derniers sont irréductibles à des constructions ensemblistes à partir de mondes et individus possibles. D'après le primitivisme, le fondement de la modalité est *de re* ou plutôt *in re*, dans la réalité, et non dans la pensée ou le langage. Mais en quoi consistent exactement ces faits modaux ? Ceci constitue une question délicate. Cependant, nous suggérerions que les propriétés dispositionnelles des choses (la fragilité du verre, la conductivité du cuivre, etc.) contiennent une dimension modale intrinsèque susceptible de les constituer en support des faits modaux. Or les dispositions sont constitutives de l'essence d'une chose, entendue comme l'essence réelle dont il a été question auparavant. Plus généralement, les vérités modales reposent donc sur l'essence ou la nature des choses. Et cette essence n'est pas donnée immédiatement à notre perception sensible, et ne dépend pas non plus de nos caractérisations spontanées du monde. Elle n'est donc pas *a priori*, mais peu à peu révélée, *a posteriori*, à mesure que progresse la science[1].

---

1. *Cf.* B. Ellis, *The Philosophy of Nature*. Il y a en fait plusieurs formes de primitivisme à l'égard des modalités. Bien que la notion d'essence y joue un rôle central, elle est théorisée de manière différente. K. Fine (« Essence and

En outre, nous avons une connaissance de ces faits modaux, connaissance qui est attestée indirectement par la réalité de la connaissance mathématique et par le fait que nos catégorisations conceptuelles (qui reposent sur l'usage de notions modales) semblent épouser la réalité, ce dont atteste le succès des sciences physiques. Cependant cette connaissance modale n'est pas infaillible, et nous devons souvent recourir à des données empiriques elles-mêmes soumises à révisions pour établir ce qui est nécessaire et impossible – on pense ici aux cas de nécessités *a posteriori* défendus par S. Kripke. Ainsi, comme le dirait Leibniz, notre connaissance de la nécessité, comme celle des essences, est souvent «provisionnelle»[1]. L'examen dialectique des thèses concurrentes a permis ainsi de faire en sorte que le primitivisme apparaisse comme l'option philosophique la moins coûteuse, en dépit de son renoncement à une analyse de la nécessité. Ces derniers paragraphes constituent une simple esquisse, dont il conviendrait de développer et d'étayer positivement chacun des aspects.

Modality», *Philosophical Perspectives* 8 (1994), p. 1-16) et E.J. Lowe («La métaphysique comme science de l'essence», dans E. Garcia et F. Nef (éds.), *Métaphysique contemporaine*), défendent une conception différente de l'essence, fondée sur la notion de catégorie ontologique et donc objet d'une connaissance *a priori*.

1. Cf. *Nouveaux Essais* III, VI, § 14.

TEXTES ET COMMENTAIRES

TEXTE 1

ARISTOTE
Métaphysique, E 3 *

[1027a29] Que des principes et des causes soient générables et corruptibles sans qu'il y ait, pour ces principes et ces causes, processus de génération et de corruption, c'est là une chose évidente.

[30] S'il n'en était pas ainsi, tout serait nécessaire, puisque ce qui est engendré et détruit par un processus de génération et de corruption a nécessairement une cause non-accidentelle.

[32] En effet, telle chose sera-t-elle ou non? Elle sera, si telle chose a lieu; sinon, non. Et cette seconde chose aura lieu si une autre a lieu. Il est évident qu'en poursuivant de la sorte, et en retranchant progressivement du temps d'un temps limité, on arrivera à l'instant actuel. Ainsi donc, cet homme mourra-t-il de maladie ou de mort violente? De mort violente, s'il sort; il sortira, s'il a soif; il aura soif, si telle autre chose survient. On arrivera de cette façon à un événement actuel, ou à quelque

* Aristote, *Métaphysique*, trad. fr. J. Tricot, Paris, Vrin, 2000; traduction modifiée.

événement déjà accompli. Par exemple, il sortira, s'il a soif ; il aura soif, s'il mange des mets épicés ; ce dernier fait est ou n'est pas. Donc cet homme mourra nécessairement, ou, nécessairement, ne mourra pas. Il en est ainsi, même si l'on saute jusqu'aux événements passés, le raisonnement est identique ; car cela, je veux dire le fait passé, est déjà donné dans quelque être. Tous les événements à venir seront donc nécessairement : par exemple, le vivant mourra nécessairement, car il porte déjà en lui la condition de sa mort, à savoir la présence de contraires dans le même corps.

[1027b10] Mais sera-ce par maladie ou de mort violente, ce n'est pas encore [nécessaire], ce sera seulement si tel autre événement se produit.

[11] Il est donc clair que l'on remonte ainsi jusqu'à un principe déterminé, mais celui-ci ne se réduit plus à aucun autre. Tel sera donc le principe de tout ce qui est dû hasard ; ce principe n'aura lui-même été produit par aucune autre cause.

[14] Mais à quelle sorte de principe, à quelle sorte de cause, se ramène ainsi l'accident ? Est-ce à la matière, ou à la cause finale, ou à la cause motrice ? C'est là un point capital à examiner.

COMMENTAIRE

Le problème du déterminisme causal

Au sein de la *Métaphysique*, ce chapitre occupe une place à part. À première vue, il s'insère dans le développement consacré par Aristote aux sens de l'être. Le livre E examine en effet l'être au sens d'être par accident (*kata sumbebêkos* en E 2) puis l'être au sens de vrai (E 4). Les livres Z et H abordent l'être au sens de substance, tandis que l'être comme acte et puissance est l'objet du livre Θ. Pourtant, E 3 marque une rupture par rapport aux considérations développées dans E 2. Aristote y aborde en effet le problème du déterminisme causal. Le déterminisme est la thèse d'après laquelle tout ce qui arrive a toujours été nécessaire. Il faut le distinguer du principe de causalité selon lequel tout ce qui existe a une cause, ainsi que du principe d'après lequel de tout ce qui existe, il y a une raison pour laquelle il existe ainsi et pas autrement, le célèbre Principe de raison suffisante de Leibniz. Il y a plusieurs formes de déterminisme. Le déterminisme logique, ou fatalisme, est la thèse selon laquelle la vérité d'une assertion portant sur un événement implique sa nécessité. Il a fait l'objet d'intenses discussions dans l'Antiquité, notamment à partir du chapitre 9 du traité *De l'interprétation* d'Aristote où est abordée la discussion des futurs contingents et de l'Argument dominateur (*kuriôs logos*) de Diodore Cronos. Ce dernier a suscité une intense exégèse, et le texte d'Aristote, qui est la source d'une tradition pratiquement ininterrompue de commentaires depuis l'Antiquité jusqu'à nos jours, a façonné plus que tout autre la discussion du fatalisme ou déterminisme logique[1].

Ce court chapitre aborde explicitement le problème du déterminisme causal, problème dont on fait souvent remonter, à tort, la première formulation explicite aux débats de la philosophie hellénistique entre Stoïciens et Épicuriens. Ce chapitre est doublement important, d'une part parce qu'il contient une formulation valide de l'argument déterministe et, d'autre part, parce qu'il s'appuie sur une conception temporelle de la nécessité distincte de la nécessité métaphysique ou causale.

La thèse défendue par Aristote est relativement claire : certains événements ne sont pas prédéterminés causalement et donc ne sont pas nécessaires, car il y a dans la nature des coïncidences qui rompent l'ordre des causes. Aristote ne

---

1. Le Dominateur ne nous est pas parvenu dans son intégralité, mais Épictète, dans ses *Entretiens* II, 19, 1-5, en rapporte ses prémisses, au nombre de trois : a) « toute vérité passée est nécessaire » ; b) « quelque chose d'impossible ne suit pas de quelque chose de possible » ; et c) « il y a quelque chose de possible, qui n'est ni ne sera vrai ». Les relations entre la discussion des futurs contingents dans *DI* 9 et l'Argument dominateur ont constitué l'enjeu d'importants débats historiques. Diodore était à peu près contemporain d'Aristote, mais plus jeune, sans doute mort en 284 AC alors qu'Aristote mourut en 322 AC. Au sujet du Dominateur, il convient de se reporter au livre de J. Vuillemin, *Nécessité ou contingence. L'aporie de Diodore Cronos et les systèmes philosophiques*, Paris, Minuit, 1984. Sur le chapitre 9 du *Perihermeneias*, en rapport avec le texte de *Met.* E, 3 et le Dominateur, *cf.* R. Gaskin, *The Sea-Battle and the Master Argument. Aristotle and Diodorus Cronus on the Metaphysics of the Future*, Berlin, De Gruyter, 1995.

cherche en fait pas tant à réfuter le déterminisme, qui lui apparaît manifestement faux, qu'à élucider une thèse qui, d'après lui, implique le déterminisme. Bien qu'il ne la mentionne pas explicitement, on peut la restituer à partir de l'affirmation initiale selon laquelle il y a des principes et des causes (*archai kai aitia*), susceptibles de commencer à exister et de cesser d'exister (par opposition aux causes éternelles comme le sont les astres ou le premier moteur dans la cosmologie aristotélicienne), sans être eux-mêmes engendrés ni corrompus. Génération et corruption sont les termes dont se sert Aristote pour désigner ce que nous appelons un processus causal. On peut ainsi paraphraser la thèse aristotélicienne :

A) Il y a des causes qui ne sont pas elles-mêmes des effets de processus causaux.

Un peu plus loin (1027a30) Aristote précise les processus causaux dans (A) :

B) Tout ce qui existe (et cesse d'exister) en conséquence d'un processus causal possède une cause non-accidentelle.

La suppression de la négation dans (A) donne alors la thèse impliquant le déterminisme :

D) Toute cause est elle-même l'effet d'une cause non-accidentelle.

Accident et cause accidentelle

Tout se joue ici autour de la notion d'accident (*sumbebêkos*) et de causalité accidentelle (*kata sumbebêkos*). Le premier a été défini en *Métaphysique* Δ 30 comme ce qui n'existe ni nécessairement ni le plus souvent. Parmi les exemples fréquents, on peut citer le jardinier qui creuse un trou afiñ de planter et un arbre et découvre un trésor ; le créancier qui se rend sur l'agora pour une affaire différente et y rencontre son débiteur ; un temps froid lors du solstice d'été ; ou encore un architecte qui guérit un malade. Dans tous ces exemples, il y a une conjonction de deux entités qui ne sont ni toujours, ni le plus souvent, conjointes. Ainsi le fait d'être un architecte n'est ni toujours, ni le plus souvent, relié au fait de guérir un patient ; cela ne se produit que s'il se trouve que l'architecte est aussi un médecin. À cette caractérisation modale et temporelle de l'accident, Aristote ajoute une condition d'explication : deux entités *x* et *y* constituent un accident – ou encore, sont des accidents relativement l'une à l'autre – si elles ne sont pas associées entre elles *en raison* (*dihoti* en Δ 30, 1025a23) de leur description comme *x* ou *y*. L'architecte ne guérit pas *en tant qu'*il est architecte, mais seulement en tant que cet individu est par ailleurs médecin. L'accident, au sens pertinent pour ce chapitre, doit être ainsi compris comme une conjonction inhabituelle d'entités dont l'association ne s'explique pas d'elle-même[1].

Aristote affirme en outre que les accidents ont seulement une cause par accident (*Mét.* E 2, 1027a7-8). Cette notion de causalité accidentelle est elle-même double. Lorsque nous disons que l'architecte a guéri un patient, cette guérison est l'effet d'une cause accidentelle. Dans ce cas, l'accident se situe du côté de la cause elle-même : c'est parce qu'un même individu se trouve être à la fois médecin et architecte que l'effet a pu se produire. Mais l'effet peut également être accidentel. Si par exemple un cuisinier prépare un met en ayant en

---

1. *Cf.* C. Kirwan, dans Aristote, *Metaphysics. Books Γ, Δ, E*, translated with notes, Oxford, Clarendon, 2ᵉ éd. 1993, p. 180-182.

vue le plaisir gustatif, et que ce met guérit un malade, alors le cuisinier est dit cause accidentelle (nous dirions inintentionnelle) de la guérison. La condition nécessaire et suffisante de la causalité non-accidentelle ou par soi est alors :

> C) x est cause non-accidentelle de y si et seulement si à la fois (a) x, en tant que x, est cause de y et (b) y, en tant qu'il est y, est causé par x.

(C) permet à son tour d'élucider (D). En soutenant que toute cause générable et corruptible a subi un processus de génération et de corruption, Aristote voudrait dire que tout y qui, en venant à exister (ou en cessant d'exister), est cause de l'existence (ou de l'inexistence) d'un x, doit lui-même *en tant qu'il est cause de x*, être causé à son tour par un autre événement z, et ainsi de suite. Autrement dit, tout ce qui existe a une cause déterminée.

L'argument déterministe

Mais qu'est-ce qui garantit cette inférence de la détermination causale à la nécessité universelle ? Qu'est-ce qui permet de conclure que, si l'existence de x a une cause déterminée y et celle de y à son tour une cause déterminée z et ainsi de suite, alors x existe nécessairement ? La partie centrale du texte est consacrée à la justification de ce lien. L'événement pris pour exemple est la mort d'un homme. Dans son commentaire, Alexandre d'Aphrodise donne un tour plus vivant à l'exemple [1] : un certain Nicostrate sort d'une cité assiégée afin de s'abreuver à un puits, y rencontre des assiégeants et se fait

---

1. *Alexandri Aphrodisiensis in Aristotelis Metaphysica Commentaria*, M. Hayduck (ed.), Berlin, 1891.

tuer par ces derniers. L'ensemble de ces événements constitue une chaîne causale : Nicostrate sera tué par les assiégeants s'il quitte la ville assiégée pour boire au puits ; il sortira pour boire au puits s'il a soif. Il a soif s'il a mangé quelque chose d'épicé. Sa mort future est ainsi prédéterminée par les causes antérieures, de telle sorte que s'il a mangé épicé, alors il mourra, attaqué par les soldats au puits, et si au contraire il n'a pas mangé épicé, alors il ne sera pas tué par les ennemis : « ce dernier fait est ou n'est pas. Donc cet homme mourra nécessairement, ou, nécessairement, ne mourra pas » (1027b5-6). Si l'on se réfère au contexte, il est clair qu'Aristote ne peut avoir en tête la nécessité de la disjonction qui serait triviale. Elle est le simple corrélat, sur le plan des événements et des faits, du principe de tiers-exclu, qui pose que toute disjonction formée d'une proposition et de sa contradictoire est vraie. Qu'un événement soit causalement déterminé ou non, il n'en reste pas moins vrai et nécessaire qu'il aura lieu ou qu'il n'aura pas lieu[1]. La nécessité dont il est question ici doit porter sur chacun des membres de la disjonction et découle de l'existence d'une chaîne causale menant à l'un ou l'autre des membres de cette disjonction.

Remarquons que chacune des causes est antérieure dans le temps aux effets ultérieurs. La séquence événementielle de l'histoire de Nicostrate constitue une régression d'un hypothétique moment futur jusqu'à un moment présent ou passé. Cette régression temporelle continue peut être représentée à l'aide d'une conjonction d'énoncés conditionnels dont chaque

---

1. Comme le dit Aristote à propos de la bataille navale dans *De l'interprétation* 9, 19a29-32. Celle-ci nécessairement aura lieu ou n'aura pas lieu, mais il est invalide d'inférer de cette vérité que nécessairement elle aura lieu ou nécessairement elle n'aura pas lieu.

antécédent est le conséquent du conditionnel précédent. Nous pouvons à partir de là reformuler l'argument déterministe[1]. Posons p_1 pour la proposition exprimée par « Nicostrate mange épicé » ; p_2 pour la proposition exprimée par « Nicostrate a soif » ; p_3 pour la proposition exprimée par « Nicostrate sort de la ville pour se rendre au puits » ; et p_4 pour la proposition exprimée par « Nicostrate est tué par les assiégeants ». Chacune est affectée d'un indice temporel précisant le moment où le fait correspondant a lieu. Le symbole $\supset$ exprime l'implication matérielle et L un opérateur de nécessité encore indéfini. Dans la mesure où chacun de ces conditionnels signifie par hypothèse une relation entre une cause non-accidentelle et son effet, on peut représenter la relation causale comme une implication stricte. La double série des conditions causales s'écrit ainsi :

1a) $L(p_1/t_1 \supset p_2/t_2)$ & $L(p_2/t_2 \supset p_3/t_3)$ & $L(p_3/t_3 \supset p_4/t_4)$
1b) $L(\sim p_1/t_1 \supset \sim p_2/t_2)$ & $L(\sim p_2/t_2 \supset \sim p_3/t_3)$ & $L(\sim p_3/t_3 \supset \sim p_4/t_4)$

De la conjonction de (1a) et (1b) et de la prémisse selon laquelle à t_1 Nicostrate mange ou ne mange pas (principe de tiers-exclu) que l'on écrit ainsi :

2) p_1/t_1 v $\sim p_1/t_1$

on peut tirer la conclusion suivante :

3) p_4/t_4 v $\sim p_4/t_4$

Autrement dit : « Nicostrate est tué par les assiégeants à t_4 ou il n'est pas tué par les assiégeants à t_4 ». Il est néanmoins invalide d'inférer de (1a), (1b) et (2) la conclusion plus forte affirmée en 1027b5-6 :

1. Je reprends la reconstruction proposée par H. Weidemann, « Aristoteles und das Problem des kausalen Determinismus », *Phronesis* 31 (1986).

3') $L(p_4/t_4) \vee L(\sim p_4/t_4)$.

Le caractère invalide de l'inférence vient du passage d'une nécessité de la conséquence dans les prémisses (1a)(1b) à la nécessité du conséquent dans (3'). Le raisonnement ne devient valide, que si l'on modalise la prémisse disjonctive. C'est en effet une propriété de la nécessité, dans toute logique modale, que de se transmettre ainsi de l'antécédent au conséquent d'un conditionnel strict. On substitue à (2) :

2') $L(p_1/t_1) \vee L(\sim p_1/t_1)$

Aristote écrit certes simplement, sans modalisation explicite : « ce dernier fait est ou n'est pas » (*touto d'êtoi huparchei ê ou*) (1027b5). Mais il est clair qu'à ses yeux, la nécessité d'un membre de la chaîne causale présuppose la nécessité de son prédécesseur. Il n'y a donc pas de doute que (2') est l'interprétation correcte de la ligne 1027b5.

Selon cette interprétation, l'argument est effectivement valide, mais comment justifier (2') ? Au premier abord, il s'agit d'une pétition de principe : si le déterministe peut établir la nécessité de p_4, c'est parce qu'il présuppose la nécessité de p_1, mais la nécessité de ce dernier ne serait-elle pas la conclusion d'un nouvel argument, dérivant par exemple de la nécessité de p_0 ? Et la justification de la nécessité de p_0 n'entraîne-t-elle pas une régression à l'infini ? Dans ce cas, l'argument déterministe se bornerait à établir que chaque effet est nécessaire étant donnée telle cause. Il s'agirait d'une simple nécessité conditionnelle. En un sens, la définition classique du déterminisme, celle de Laplace, établit seulement cette nécessité hypothétique : 1) l'état du monde à un moment quelconque, et 2) l'ensemble des lois de la nature fixent un unique passé et un

unique futur [1]. Mais cette nécessité hypothétique ou conditionnelle n'aurait pas les conséquences désastreuses qu'Aristote
attribue au déterminisme. Cela exige une nécessité plus forte
que la simple nécessité conditionnelle, une nécessité susceptible, comme dans (2'), de s'attribuer à un fait ou un événement
et pas seulement à la relation causale entre deux faits.

La nécessité temporelle

Ce qui conduit Aristote à tenir (2') pour vraie c'est qu'on y
désigne un événement ayant lieu à un moment t_1, passé ou
présent. Or le présent comme le passé sont nécessaires en ce
qu'ils sont irrévocables, c'est-à-dire que rien que l'on puisse
faire à partir de maintenant ne peut modifier le passé ou le
présent. Un passage célèbre de l'*Éthique à Nicomaque* cite un
distique du tragédien Agathon à l'appui de cette idée :

> Le passé ne peut pas ne pas avoir été. Aussi Agathon a-t-il
> raison de dire :
> *Car il y a une seule chose dont Dieu même est privé, c'est de
> faire que ce qui a été fait ne l'ait pas été* (VI, 2, 1139b8-11).

La nécessité du passé n'est pas simplement conditionnelle
– telle la nécessité du lien causal–, ni absolue comme la nécessité logique, mais relative à un indice temporel : la nécessité
temporelle ou historique. La modalité temporelle est bien le
sens premier de la modalité dans la philosophie d'Aristote.

---

1. *Cf.* P.S. de Laplace, *Théorie analytique des probabilités*, Introduction,
dans *Œuvres*, Paris, 1847, t. VII, p. VI-VII. J. Earman, *A Primer on Determinism*,
Dordrecht, Reidel, 1987, définit ainsi un système déterministe laplacien : un
système tel que, un état à un moment donné E_{t0} et les lois de la nature déter-
minent un ensemble unique d'états à tous les autres moments E_{tn} (n un entier
positif ou négatif).

Cela est lié au fait que les modalités sont fondées avant tout sur les puissances, ou encore les potentialités (*dunameis*) des choses[1]. La possibilité d'un fait repose sur l'existence d'une puissance susceptible de l'actualiser. Par exemple, il est possible qu'un manteau se déchire, s'il existe une puissance causale capable d'actualiser ce fait (*DI* 9, 19a12). Il résulte de cette conception de la possibilité comme potentialité que l'actualité d'un fait exclut la possibilité simultanée du fait contraire. J. Vuillemin a donné le nom de *principe de réalisation possible du possible* à cette idée[2]. Selon Aristote en effet, si quelque chose est possible, alors la supposition de son existence n'entraîne aucune impossibilité[3]. Cela implique que, si quelqu'un est assis, il est impossible qu'au même moment il soit debout. Posons *p* pour « Socrate est assis ». On suppose que *p* est vrai à *t* et que l'état de choses correspondant est actuel à *t*, autrement dit : *p/t*. Par ailleurs, on suppose qu'il est possible que Socrate ne soit pas assis : *M~p*. On admet aussi qu'il est possible que Socrate n'ait pas été assis à *t* : *M~p/t*. Mais cette puissance peut-elle se rapporter au même moment *t* ? Autrement dit, pouvons-nous affirmer *M/t~p/t* ? Admettons cette hypothèse. Dans ce cas, il faut admettre la vérité de la conjonction *p/t* & *M/t~p/t*. Cependant, le principe de réalisation possible du possible nous oblige à pouvoir considérer l'actualité de l'état de choses décrit par *M/t~p/t* comme possible. Nous obtenons alors une nouvelle conjonction : *M(p/t* & *~p/t)*. Mais *p/t* & *~p/t* est une contradiction manifeste

1. Cf. *Mét.* Δ, 12, 1019a33-36 et Θ, 1-9.

2. J. Vuillemin, *Nécessité ou contingence*, p. 29 *sq.*

3. *Cf.* Aristote, *Premiers Analytiques* I, 13, 32a18-20 : « par être contingent (*endechetai*) et par le contingent (*endechomenon*), j'entends ce qui n'est pas nécessaire et qui peut être supposé exister sans qu'il y ait à cela impossibilité ».

(« Socrate est et n'est pas assis »). Nous devons donc renoncer à indexer la possibilité que Socrate ne soit pas assis au moment où il est assis, mais la rapporter à un autre moment t'. Autrement dit, l'actualité à t d'un fait est compatible avec la possibilité à t' du contraire si t est distinct de t' : p/t & $M/t'\sim p/t$ ssi $t \neq t'$. Et au contraire l'actualité d'un fait exclut au même moment la possibilité du contraire, ce qui entraîne la nécessité, du point de vue de t, du fait que p ait lieu à t ($p/t \supset L/tp/t$). Ce qu'Aristote résume ainsi : « que ce qui est soit, quand il est, et que ce qui n'est pas ne soit pas, quand il n'est pas, voilà qui est vraiment nécessaire »[1].

Toutefois, cette nécessité n'est pas ponctuelle, attachée à un fait seulement au moment de son actualité présente. Une fois passé, le fait demeure irrévocable : $p/t \supset \forall t'>t$ ($L/t'p/t$). En effet l'existence d'une possibilité présuppose celle l'exercice d'une puissance. Or une puissance ne peut se réaliser dans le passé, car elle n'a qu'une direction d'actualisation dans le temps. À l'inverse, le fait que Socrate soit assis en ce moment est compatible avec la possibilité qu'il ne le soit plus dans l'avenir. L'expansion de la nécessité dans le passé est donc le corrélat du caractère diachronique et prospectif, c'est-à-dire intrinsèquement orienté vers l'avenir, de la possibilité aristotélicienne et tout cela résulte de l'ancrage ontologique des modalités dans des puissances[2].

---

1. *De l'interprétation* 9, 19a23-25. Il ne s'agit donc pas de la simple nécessité conditionnelle que l'on exprimerait ainsi : $L(p/t \rightarrow p/t)$.

2. S. McCall, *A Model of the Universe*, Oxford, Clarendon Press, 1994, a contribué au renouveau de cette notion. Il représente l'interaction des modalités et du temps à l'aide d'une structure arborescente plutôt qu'avec des mondes possibles.

Le recours à la nécessité temporelle valide l'argument déterministe et explique pour quelle raison la chaîne causale doit remonter progressivement d'un événement futur jusqu'à un événement présent. À l'opérateur L dépourvu d'indice temporel, on substitue l'opérateur de nécessité temporelle L/t_n. Si t_1 appartient au présent ou au passé, on peut affirmer :

2") $L/t_1p/t_1 \vee L/t_1p/t_1$.

Étant donné que la nécessité temporelle est, comme la nécessité en général, close sous l'implication (autrement dit $(L/tp \ \& \ L(p \supset q)) \supset L/tq$), il est possible de déduire la conclusion déterministe (1027b7-9) à partir de (2"), (1a) et (1b) :

3") $L/t_1p_4/t_4 \vee L/t_1p_4/t_4$.

Ainsi, ou bien il est maintenant nécessaire (inéluctable) que Nicostrate soit tué par les assiégeants, ou bien il est maintenant nécessaire (inéluctable) que cela ne soit pas le cas. A la ligne 1027b8, Aristote affirme que le passé existe déjà en ce que l'on trouve sa trace (ses effets) dans le présent. Ainsi, l'existence présente de conditions nécessaires et suffisantes des événements futurs entraîne la transmission universelle de la nécessité temporelle.

La réponse aristotélicienne

Aristote rejette la conclusion : « sera-ce par maladie ou de mort violente, ce n'est pas encore [nécessaire], ce sera seulement si tel autre événement se produit » (1027b10-11). Du point de vue de t_1, la manière dont Nicostrate mourra est encore indéterminée. Il peut être tué par les assiégeants comme mourir de maladie. Aristote soutient donc :

5) $M/t_1p_4/t_4 \ \& \ M/t_1{\sim}p_4/t_4$.

Cela n'est pas vrai de tout événement. Le fait de mourir est nécessaire pour un être vivant à partir du moment où il commence à exister, parce que dès à présent existent les conditions nécessaires et suffisantes de la mort – ce qu'il appelle la « présence de contraires dans un même corps » (1027b9-10) et qu'il faut comprendre comme un équilibre physiologique instable. Cependant, les circonstances particulières de la mort de Nicostrate ne sont pas prédéterminées. Parce qu'Aristote accepte la nécessité temporelle, la réfutation ne peut porter que sur (1a) et (1b).

Or on n'évite la transmission générale de la nécessité temporelle aux événements futurs que si certaines chaînes causales ne remontent pas jusqu'au présent ou au passé. La présence d'un accident ou coïncidence produit une telle rupture. Ainsi la mort de Nicostrate au puits n'est pas nécessaire, parce que, dans la chaîne des causes entraînant sa mort, figure un accident. Nous avons jusqu'ici supposé avec le déterministe que, dans (1a), la vérité de p_3 impliquait celle de p_4. Là est l'erreur. La cause de la mort ne remonte pas au-delà de la coïncidence de sa venue au puits et de la présence des assiégeants. Aristote écrit que cet événement n'a pas de cause lui-même, qu'il est dû au hasard (*hopoter etuchen*, 1027b11-14). Le fait que Nicostrate ait soif est une cause accidentelle de la rencontre, conformément à (C) : il n'est pas tué *en tant qu'*il vient au puits, mais *en tant que* sa venue coïncide avec la présence des assiégeants. À partir du moment où cette coïncidence a lieu, sa mort violente devient nécessaire (on suppose que les intentions des assiégeants sont arrêtées, comme tuer tout habitant de la cité qu'ils croiseraient). Mais il est impossible de remonter au-delà, dans la mesure où il n'existe pas de cause cette coïncidence. Jusqu'au moment où il parvient au puits, le meurtre de Nicostrate pouvait ne pas se produire.

Limites de cette réfutation

On peut cependant s'interroger à propos de l'accident que constitue la rencontre au puits : pourquoi sa non nécessité paraît-elle si évidente à Aristote ? Dans sa magistrale étude, Richard Sorabji estime que cela tient à ce que, d'une part, les causes sont pour Aristote essentiellement des *explications* des effets et, d'autre part, à ce que la causalité implique la nécessité. En d'autres termes, si *a* cause *b*, alors l'existence de *a* nécessite celle de *b*. Il juge ensuite qu'Aristote a raison de considérer que les accidents ou coïncidences n'ont pas de cause, mais que cela ne permet pas de conclure qu'ils ne sont pas nécessités[1]. Supposons en effet que deux accidents d'avion sur deux compagnies aériennes différentes et à bord de deux types d'appareils aient lieu le même jour. Considérons alors l'événement consistant dans la conjonction de ces deux accidents. Il s'agit bien d'un événement, comme l'atteste le fait que cette coïncidence entraîne des effets : la panique chez les voyageurs, une hausse des tarifs d'assurance, etc. Il y a bien une explication de l'accident *a* et une explication distincte de l'accident *b*, mais cela ne constitue pas une explication de la conjonction *a & b*, car on n'a pas de réponse à la question : pourquoi ces deux accidents ont-ils eu lieu simultanément ? Bien que nous puissions expliquer des chaînes causales distinctes, nous ne pouvons en extrapoler une explication des

---

1. R. Sorabji, *Necessity, Cause and Blame*, Londres, Duckworth, 1980, p. 10-13. Le modèle aristotélicien de l'explication n'est pas celui de C. Hempel par subsomption sous une loi (le modèle déductif-nomologique de l'explication) : d'après les *Seconds analytiques*, une explication est une rationalisation de l'effet expliqué à partir des propriétés essentielles de sa cause.

rencontres de ces chaînes causales[1]. Pourtant les conditions causales de a et celles de b impliquent l'existence de la conjonction $a \& b$. Cela signifie que la relation d'explication causale n'est pas extensionnelle et ne relie pas des événements mais plutôt des faits. La soif de Nicostrate cause sa venue au puits. Néanmoins, bien que ce fait coïncide avec la présence d'ennemis au même endroit (ces deux faits correspondent en ce sens à un même événement), on ne devrait pas affirmer que la soif de Nicostrate cause sa présence en un lieu où se trouvent ses ennemis.

Reprenons alors l'ensemble de la chaîne causale. La rencontre au puits est certes accidentelle, mais il existe une chaîne conduisant du repas épicé de Nicostrate à sa venue au puits et une autre chaîne, initialement distincte, issue par exemple du désir des assiégeants de se désaltérer. Immanquablement ces chaînes causales aboutissent à la rencontre au puits, autrement dit, elles finissent par se croiser, donnant lieu à l'événement accidentel de la rencontre au puits. On ne saurait donner la raison pour laquelle Nicostrate est au puits en même temps que ses ennemis. Néanmoins les conditions suffisantes de l'occurrence de cet événement existent déjà. Par conséquent, la nécessité devrait se transmettre aux événements ultérieurs, en dépit de la rupture de la causalité par soi.

Ainsi l'argument déterministe présenté par Aristote dans E 3 est à la fois valide et solide. Sa réfutation repose, comme on

1. C'est la définition (épistémique et déterministe) du hasard chez Cournot, *Exposition de la théorie des chances et des probabilités* (1843), dans *Œuvres complètes*, t. I, Paris, Vrin, 1984, chap. 4, p. 55 : « Les événements amenés par la combinaison ou la rencontre de phénomènes qui appartiennent à des séries indépendantes, dans l'ordre de la causalité, sont ce qu'on nomme des événements fortuits ou des résultats du hasard ».

l'a vu, sur le postulat d'existence de ruptures dans les chaînes causales – ruptures identifiées dans ce chapitre à des accidents ou coïncidence eux-mêmes dépourvus de cause. Au contraire de bien des essais ultérieurs, elle ne repose pas sur le postulat qu'existent des agents libres pourvus de volonté qui ne seraient pas soumis à la causalité mécanique régnant dans la matière. Il n'est d'ailleurs nullement question de la volonté ni d'esprit dans ce passage. En outre, à la différence de la solution épicurienne par le *clinamen*, cette déviation minimale de l'atome, Aristote ne soutient pas que les événements contingents soient dépourvus de toute cause : ils en possèdent bien une, quoique accidentelle[1]. Mais, bien qu'elle ne requière pas un abandon des principes généraux de la causalité, cette réfutation du déterminisme demeure insuffisante. Afin qu'il n'y ait pas seulement une rupture de la chaîne causale (au sens de causes explicatives), mais également de la transmission de la nécessité, Aristote aurait dû ajouter que certaines chaînes causales peuvent aboutir à des bifurcations dont la direction n'est pas fixée d'avance – dans le cas paradigmatique, des décisions volontaires d'êtres humains. Dans l'exemple de la mort de Nicostrate, l'inférence déterministe ne serait pas réfutée simplement en raison de l'occurrence d'une coïncidence, mais parce que celle-ci provient de deux chaînes causales telles que chacune aurait pu bifurquer avant la rencontre : Nicostrate aurait pu surmonter sa soif ou envoyer quelqu'un à sa place ; les assiégeants auraient pu décider de

1. Pour la position épicurienne et le débat avec les stoïciens, *cf.* A. Long et D. Sedley, *Les philosophes hellénistiques*, trad. fr. Paris, GF-Flammarion, 2001, t. I, chap. 20 et t. II, chap. 55. Le traité *Du Destin* de Cicéron est le grand texte classique sur le déterminisme dans le contexte de la discussion du Dominateur.

ne pas se rendre au puits, ou bien de lui laisser la vie sauve, une fois qu'ils se sont rencontrés. La réponse appropriée à l'argument déterministe fondé sur la nécessité temporelle doit ainsi faire appel à l'idée d'une causalité intrinsèquement contingente[1].

1. C'est la position défendue, entre autres, par R. Sorabji, *op. cit.*, chap. 3 et D. Wiggins, « Towards a Reasonable Libertarianism », dans G. Watson (dir.), *Free Will*, Oxford, Oxford UP, 2e éd. 2003, p. 94-121.

TEXTE 2

DESCARTES
Lettre à Mesland, 2 mai 1644[*]

Pour la difficulté de concevoir, comment il a été libre et indifférent à Dieu de faire qu'il ne fût pas vrai, que les trois angles d'un triangle fussent égaux à deux droits, ou généralement que les contradictoires ne peuvent être ensemble, on la peut aisément ôter, en considérant que la puissance de Dieu ne peut avoir aucunes bornes ; puis aussi, en considérant que notre esprit est fini, et créé de telle nature, qu'il peut concevoir comme possibles les choses que Dieu a voulu être véritablement possibles, mais non pas de telle, qu'il puisse aussi concevoir comme possibles, celles que Dieu aurait pu rendre possibles, mais qu'il a toutefois voulu rendre impossibles. Car la première considération nous fait connaître que Dieu ne peut avoir été déterminé à faire qu'il fût vrai, que les contradictoires

[*] Pour toutes les références à Descartes, nous renvoyons, selon l'usage, à l'édition de P. Adam et C. Tannery : Descartes, *Œuvres*, Paris, 1897-1913, 11 vol., Paris, Vrin, 1964 *sq.*, réédition poche 1996 (dorénavant cité AT). Le texte présenté ici se trouve au t. IV (1996), p. 118-119.

ne peuvent être ensemble, et que, par conséquent, il a pu faire le contraire; puis l'autre nous assure que, bien que cela soit vrai, nous ne devons point tâcher de le comprendre, parce que notre nature n'en est pas capable. Et encore que Dieu ait voulu que quelques vérités fussent nécessaires, ce n'est pas à dire qu'il les ait nécessairement voulues; car c'est tout autre chose de vouloir qu'elles fussent nécessaires, et de le vouloir nécessairement, ou d'être conditionné à le vouloir. J'avoue bien qu'il y a des contradictions qui sont si évidentes, que nous ne les pouvons représenter à notre esprit, sans que nous les jugions entièrement impossibles, comme celle que vous proposez: *Que Dieu aurait pu faire que les créatures ne fussent point dépendantes de lui.* Mais nous ne nous les devons point représenter, pour connaître l'immensité de sa puissance, ni concevoir aucune préférence ou priorité entre son entendement et sa volonté; car l'idée que nous avons de Dieu nous apprend qu'il n'y a en lui qu'une seule action, toute simple et toute pure; ce que ces mots de saint Augustin expriment fort bien: *Quia vides ea, sunt*[1], etc., parce qu'en Dieu *videre* et *velle*[2] ne sont qu'une même chose.

---

1. « Parce que tu vois ces choses, elles sont ». *Cf.* Augustin, *Confessions* XIII, 38.
2. « Voir » et « vouloir ».

COMMENTAIRE

La création des vérités éternelles et le fondement des modalités

Au sein de la philosophie de Descartes, la thèse dite de la création des vérités éternelles (TCVE par la suite) occupe une place à part. Cette affirmation si originale n'a ainsi été reprise par aucun des grands « cartésiens », Spinoza, Malebranche ou Leibniz. Tous, au contraire, lui ont opposé une hostilité plus ou moins marquée. La célèbre lettre au P. Mersenne du 15 avril 1630 en contient l'énoncé inaugural :

> Que les vérités mathématiques, lesquelles vous nommez éternelles, ont été établies de Dieu et en dépendent entièrement, aussi bien que tout le reste des créatures (AT I, 145).

D'après Descartes, les vérités éternelles, autrement dit les vérités nécessaires (au sens logique et métaphysique), telles que « 2 + 2 = 4 » ou « il est impossible que *p* et *non-p* », sont librement instituées et créées par Dieu. L'incompréhension et le rejet qu'a pu susciter cette thèse vient de ce que, en fondant la nécessité dans la contingence de l'acte créateur, elle paraît ruiner l'idée même de nécessité. Elle semble en outre introduire la menace d'une incohérence au sein de la métaphysique, en vidant notamment de sa substance l'argument de la distinction réelle de l'âme et du corps. Comme, par ailleurs, la TCVE ne figure pas explicitement dans les œuvres publiées, à l'exception de deux passages des *Réponses* aux *Méditations* (dans les *Cinquièmes* et *sixièmes réponses*), on pourrait imaginer que Descartes l'aurait tenue pour secondaire[1], voire, s'étant aperçu de son incohérence, y aurait progressivement renoncé. Cette dernière hypothèse est invraisemblable dans la mesure où la TCVE est au contraire énoncée dans de nombreuses lettres de 1630 à 1649, et tout particulièrement dans la lettre que nous commentons. Quant au caractère secondaire de cette doctrine, cette hypothèse est battue en brèche par de nombreux autres commentateurs qui y voient au contraire, comme F. Alquié, « la clé de la métaphysique cartésienne »[2]. Dans le cadre de ce commentaire nous nous limiterons à la question modale en présentant d'abord les principales thèses scolastiques contre lesquelles Descartes dirige la TCVE, puis en exposant ses principaux aspects tout en discutant quelques une de ses interprétations. Enfin, nous pourrons aborder l'analyse de la lettre à Mesland.

Arrière-plan scolastique

La TCVE s'oppose aux différentes formes de l'exemplarisme platonicien, que l'on retrouve chez Kepler et Galilée, qui partagent l'idée d'une norme d'intelligibilité qui s'impose non

1. M. Guéroult, *Descartes selon l'ordre des raisons*, Paris, Aubier, 1953, t. I, p. 24.
2. F. Alquié, *La découverte métaphysique de l'homme chez Descartes*, Paris, PUF, 1950, p. 90 ; J.-L. Marion, *Sur la théologie blanche de Descartes*, Paris, PUF, 1991.

seulement à l'homme mais aussi à Dieu. Mais elle marque plus précisément une rupture avec un courant de la scolastique moderne, dont les représentants les mieux connus sont les jésuites Francisco Suárez (1548-1617) et Gabriel Vázquez (1549-1604), qui ont défendu l'idée d'une quasi-indépendance des vérités éternelles à l'égard de Dieu. Afin de comprendre cette position, il convient tout d'abord d'en esquisser l'arrière-plan scolastique. Chez les théologiens médiévaux, la question ne porte pas d'abord sur les vérités éternelles, mais sur les essences possibles des choses qui constituent le fondement des vérités éternelles. Le problème était d'expliquer pourquoi l'homme était une essence possible, mais pas la chimère (nous dirions un cercle carré). Une fois la réponse à cette question obtenue, le problème des vérités éternelles est résolu puisqu'elle consistent dans les connexions entre les prédicats des essences.

Les scolastiques médiévaux s'accordent sur la définition du possible au sens le plus large, comme ce qui n'inclut pas de contradiction, ou plus précisément toute essence dont les composantes ne sont pas incompatibles (*non repugnantia*)[1]. Et ils affirment en général que cette non-contradiction marque également les limites de la toute-puissance de Dieu. Mais quel est à son tour le fondement de la « non-répugnance » de ces essences ? Et au-delà, du principe de contradiction lui-même ? Les théologiens médiévaux ont proposé des réponses diffé-

---

1. Thomas d'Aquin, *Somme de théologie*, I, q. 25, a. 3, resp. : « quelque chose est dit possible à partir de la relation entre ses termes : c'est possible parce que le prédicat ne répugne pas au sujet, comme le fait que Socrate soit assis ; quelque chose est impossible, parce que le prédicat répugne au sujet, comme le fait qu'un homme soit un âne » ; Jean Duns Scot, *Commentaire sur les sentences (Ordinatio)*, I, dist. 7, q. 1, Rome, éd. Vaticane, 1950–, t. IV, p. 118.

rentes. Afin de comprendre l'enjeu de ce problème, il convient de préciser qu'ils répondaient en fait – sans toujours le dire expressément – à deux questions distinctes : A) quelle est la source de la possibilité des essences ou encore quelle est la source de la non-répugnance des essences possibles ? B) quel est leur statut ontologique ?

Thomas d'Aquin (1225-1274) rapporte les essences à leur fondement en Dieu, et plus précisément dans l'entendement divin. Dieu connaît les autres choses que lui à partir de leurs idées. Ces idées elles-mêmes ne sont rien d'autre que l'essence divine conçue par lui-même comme imitable de diverses façons [1]. Sur le plan ontologique, le fondement des possibles et des vérités éternelles est l'essence divine. Pour le dire autrement, la *réalité* des possibles se confond avec l'essence divine (réponse à la question B). Mais ces diverses manières de considérer l'essence divine, fondements ultime des différentes essences créées, ne sont pas indépendantes de la pensée divine. Plus précisément, ce qui fait la *possibilité* des possibles dépend également de Dieu (réponse à la question A). L'entendement divin est la source des modalités parce que sa pensée fonde les rapports d'imitation d'où découle la diversité des essences créées [2]. *Parce que* Dieu peut penser la combinaison de la rationalité et de l'animalité, il s'ensuit qu'elles ne sont pas incompatibles et que l'essence de l'homme est possible. *Parce qu'*il est impossible à Dieu de penser que 2 + 3 ne soit pas égal à 5 qu'il est nécessaire que 2 + 3 = 5. Le conceptualisme de Thomas d'Aquin consiste dans l'affirmation de la dépendance ontologique et modale des essences créées et des vérités

1. *Somme de théologie* I, q. 15, a. 1 et 2.
2. *Questions disputées sur la vérité*, q. 3, a. 2, ad 6.

éternelles : elles émanent de l'essence et de l'entendement divin.

Jean Duns Scot (1265-1308) s'oppose à cette conception. Ce passage de son *Commentaire des Sentences* l'indique clairement :

> Et cette possibilité [logique] s'accompagne d'une possibilité objective, en supposant la toute-puissance de Dieu qui contemple tout possible [...], mais cette possibilité logique, pourrait toutefois demeurer (*stare*), en raison de sa nature, même si *per impossibile*, aucune toute-puissance ne la contemplait[1].

La possibilité des essences est ici manifestement indépendante de Dieu, ce que Duns Scot met en lumière par l'usage de l'hypothèse impossible de l'inexistence de la toute-puissance de Dieu. Même en poussant à l'extrême, en supposant l'inexistence de Dieu, ces essences resteraient toutefois possibles en elles-mêmes[2]. Mais Duns Scot répond ici à la question A, la question modale de la source des possibilités et nécessités. Au contraire, au sujet de la question B, la question ontologique, il soutient que l'entendement divin joue un rôle constitutif. La réalité des possibles est constituée par la pensée divine. Ils n'ont de *réalité* que par et dans celle-ci. Le passage suivant résume la conception de Duns Scot :

> La pierre, produite dans l'être intelligible par l'entendement divin, possède cette [possibilité logique] formellement d'elle-même (*formaliter ex se*) et principiellement par l'entendement (*per intellectum principiative*) ; elle est donc formellement

---

1. *Ordinatio*, I, d. 36, q. 1, n. 61, Vat. VI, p. 296.
2. Cf. *Ordinatio*, I, d. 7, q. 1, Vat. IV, p. 118-119.

possible d'elle-même et de manière quasi-principielle par l'entendement divin [1].

Dieu produit par exemple l'essence du cercle comme celle du carré par sa pensée, mais l'incompatibilité (la *repugnantia*) de ces deux essences est absolument indépendante de lui : cette incompatibilité intrinsèque est la source de l'impossibilité d'un cercle carré [2]. À la suite de S. Knuuttila nous pouvons affirmer que, selon Duns Scot, la pensée divine actualise simplement l'espace logique du possible et du nécessaire, mais n'influence pas sa structure et son contenu : les modalités dans leur sens logique sont la condition transcendantale de l'exercice de la pensée divine [3].

Durant la période moderne, Suárez, Vázquez et d'autres jésuites, développèrent une position très proche de celle de Duns Scot, comme l'atteste le passage suivant :

> Les choses ne sont pas possibles parce qu'elles sont connues, mais elles sont connues parce qu'elles sont possibles... C'est pourquoi, si Dieu était autrement, au point qu'il ne serait pas capable de connaissance, les créatures seraient néanmoins possibles [...] c'est-à-dire que par elles-mêmes (*ex se*) il n'y aurait pas de contradiction à ce qu'elles soient de telle ou de telle nature [4].

1. *Ordinatio* I, d. 43, q.un, n. 7, Vat. VI, p. 354.

2. Cf. *Ordinatio*, I, d. 43, q. un, n. 16, Vat. VI, p. 359.

3. S. Knuuttila, « Duns Scotus and the Foundations of Logical Modalities », dans L. Honnefelder, R. Wood et M. Dreyer (dir.), *John Duns Scotus. Metaphysics and Ethics*, Leiden, Brill, 1996.

4. G. Vázquez, *Commentaires et disputes sur la Somme de S. Thomas*, disp. 104, chap. 3, n° 10, trad. fr. J. Schmutz, dans *Sur la science divine*, p. 408 ; *cf.* F. Suárez, *Disputes métaphysiques*, disp. 31, sect. 6, n° 17.

Bien qu'elles n'aient de réalité que par l'entendement divin, et ne soient rien en elles-mêmes, les vérités éternelles et possibilités s'imposent néanmoins à celui-ci.

La thèse cartésienne et la toute-puissance divine

Une fois clarifié le champ historique dans lequel s'insère la thèse cartésienne, nous sommes en mesure de l'examiner en elle-même. Que soutient Descartes? En un premier sens, la TCVE affirme la dépendance des vérités à l'égard de Dieu : « c'est, en effet, parler de Dieu comme d'un Jupiter ou Saturne, et l'assujettir au Styx et aux Destinées, que de dire que ces vérités sont indépendantes de lui » (AT I, 145). S'il s'agissait seulement d'une dépendance ontologique, la thèse cartésienne n'aurait guère d'originalité. Il y a bien, pour parler comme Leibniz, « quelques scotistes » soutenant l'indépendance modale et ontologique des essences (*Théodicée*, § 184). Mais cette position est très minoritaire. Le type de dépendance que défend Descartes est plus radical. La clé de sa théorie consiste à mettre sur le même plan l'instauration des essences et des vérités éternelles d'un côté, et la création des existants, esprits ou corps, de l'autre. Elles ont « été établies de Dieu et en dépendent entièrement, aussi bien que tout le reste des créatures » (AT I, 145). Puis dans la lettre du 27 mai 1630 : « il est certain qu'il est aussi bien l'auteur de l'essence comme de l'existence des créatures : or cette essence n'est autre chose que ces vérités éternelles; lesquelles je ne conçois point émaner de Dieu comme les rayons du soleil, mais je sais que Dieu est auteur de toutes choses, et que ces vérités sont quelque chose, et par conséquent qu'il en est l'auteur »[1]. Descartes s'oppose non

---

[1]. AT I, p. 152. Voir aussi *Sixièmes réponses*, n. 8 (AT IX, p. 235-236).

seulement à la conception scotiste d'une indépendance modale des vérités éternelles, mais également au conceptualisme émanatiste défendu par Thomas d'Aquin. L'abaissement des vérités éternelles au rang des vérités contingentes concernant les créatures existantes permet de rendre compte à partir des notions de causalité et de dépendance à l'égard d'une décision libre. Le modèle de l'instauration d'une loi supplante celui de l'émanation :

> Ne craignez point, je vous prie, d'assurer et de publier partout que c'est Dieu qui a établi ces lois en la nature, ainsi qu'un roi établit des lois en son royaume [1].
>
> Vous demandez par quel genre de causalité Dieu a établi les vérités éternelles ? Je vous réponds que c'est selon le même genre de causalité qu'il a créé toutes choses, c'est-à-dire comme cause efficiente et totale [2].
>
> [cette cause] peut être appelée efficiente, de la même façon que la volonté du roi peut être dite la cause efficiente de la loi... la volonté de Dieu, qui, comme un souverain législateur, les a ordonnées et établies de toute éternité [3].

Si les lois sont librement instaurées par Dieu, alors il semblerait que la théorie proposée par Descartes dissolve purement et simplement leur nécessité. D'après cette interprétation radicale, il n'y aurait au fond nulle nécessité, puisque toutes les vérités nécessaires dépendent en fait de décisions contingentes de Dieu. Certains passages vont dans ce sens, en particulier dans la lettre à Mesland :

---

1. Lettre du 15 avril 1630, AT I, p. 145.
2. Lettre du 27 mai 1630, AT I, p. 151-152.
3. *Sixièmes réponses*, n° 8, AT IX, p. 236.

> Dieu ne peut avoir été déterminé à faire qu'il fût vrai, que les contradictoires ne peuvent être ensemble, et que par conséquent, il a bien pu faire le contraire [1].
>
> Je n'ose même pas dire que Dieu ne peut faire une montagne sans vallée, ou qu'un et deux ne fassent pas trois [2].
>
> Il a été aussi libre de faire qu'il ne fût pas vrai que toutes les lignes tirées du centre de la circonférence fussent égales, comme de ne pas créer le Monde. Et il est certain que ces vérités ne sont pas plus nécessairement conjointes à son essence, que les autres créatures [3].

À la lettre, ces affirmations semblent signifier que les propositions nécessaires en apparence ne le sont pas en fait, ou qu'à l'égard de Dieu il n'y a pas de différence de statut. Davantage, ces passages semblent dire que non seulement la modalité, mais également la vérité des propositions, dépendent de Dieu : celui-ci ne choisit pas seulement d'isoler parmi l'ensemble des vérités un sous-ensemble, celui des vérités nécessaires. Il peut faire en sorte que ce qui est une vérité nécessaire devienne une fausseté. Or la marque d'une vérité contingente c'est qu'étant vraie, elle peut néanmoins être fausse. Ainsi Descartes dissoudrait absolument la nécessité dans une totale contingence [4]. Les conséquences sont radicales : la correspondance du monde avec ce que nous permet de découvrir la raison humaine n'est jamais vraiment garantie, et il se pourrait que le monde soit absurde.

---

1. AT IV, p. 118.

2. *À Arnauld*, 29 juillet 1648, AT V, p. 224.

3. *À Mersenne*, 27 mai 1630, AT I, p. 152.

4. C'est l'interprétation par exemple de H. Frankfurt, « Descartes on the Creation of Eternal Truths », *The Philosophical Review* 86 (1977), p. 36-57.

Avant d'examiner la crédibilité de cette interprétation, il convient de s'interroger sur les raisons pour lesquelles Descartes soutient la TCVE. Ce dernier est très clair : il s'agit de la considération de la toute-puissance divine. Sa propre conception de la toute-puissance est très différente de la conception traditionnelle de la puissance absolue de Dieu, où elle est définie sans être bornée par le principe de contradiction. D'après Descartes au contraire, la toute-puissance est infinie (*à Arnauld*, 29 juillet 1648), et ne peut être soumise à rien de ce qui apparaît à notre raison comme une restriction, au premier plan le principe de contradiction : « elle ne peut avoir aucunes bornes ». Penser autrement reviendrait à abolir la distance séparant notre esprit limité, fini, de l'infinité de Dieu. Dans le langage non dénué d'une dimension religieuse, Descartes affirme que sa théorie « accoutume à entendre parler de Dieu plus dignement, ce me semble, que n'en parle le vulgaire, qui l'imagine presque toujours ainsi qu'une chose finie »[1]. Entre la créature et le créateur, il y a un abîme infini qui exclut toute univocité. Dans sa lettre du 6 mai 1630, Descartes développe un argument à cet effet. La nécessité des propositions mathématiques est quelque chose que nous connaissons parfaitement, que nous comprenons. En revanche, en concevant Dieu comme tout-puissant nous concevons qu'il « surpasse les bornes de l'entendement humain ». Nous devons donc en conclure qu'elles sont « quelque chose de moindre et de sujet à cette puissance incompréhensible ».

En outre, si les vérités éternelles ne doivent leur nécessité qu'à elles-mêmes, alors quelque chose échappe à la toute-puissance divine, ce qui détruit la notion au sens strict. On

---

1. Lettre du 15 avril 1630, AT I, p. 146.

pourrait toutefois remarquer que l'idée d'une toute-puissance absolument dépourvue de limite est intrinsèquement contradictoire et que toute capacité ne peut se définir qu'à partir de certaines limites. Quoi qu'il en soit, la toute-puissance divine interdit de croire que les vérités éternelles sont soustraites à sa portée et il ne fait aucun doute qu'elle est la motivation centrale de la TCVE.

Néanmoins, Descartes ne va pas jusqu'à soutenir la contingence pure et simple des vérités éternelles. En effet, dans les *Cinquièmes objections*, Gassendi objecte à Descartes qu'en affirmant, dans les *Méditations*, l'immutabilité de certaines vérités, il doit les tenir pour indépendantes de Dieu. Descartes lui répond ainsi :

> Je ne pense pas à la vérité que les essences des choses, et ces vérités mathématiques que l'on en peut connaître, soient indépendantes de Dieu, mais néanmoins je pense que, parce que Dieu l'a ainsi voulu et qu'il en a ainsi disposé, elles sont immuables et éternelles [1].

Ainsi les vérités mathématiques préservent un statut spécifique, qui les distingue de simples vérités contingentes, en conséquence de l'immutabilité de la volonté de Dieu. Par immutabilité, il faut entendre ici, en un sens non-modal, le caractère inchangé dans le temps d'une chose, d'un fait ou d'une vérité; elle est synonyme d'éternité. La TCVE n'impliquerait pas un rejet mais une *réduction* de la nécessité.

Le modèle juridique de l'instauration d'une loi rend compte de la causalité divine et permet de penser cette réduction. Le registre juridique du propos ne relève pas de la simple métaphore. En effet, les vérités éternelles créées par Dieu ne

---

1. *Cinquièmes réponses*, AT VII, p. 380.

concernent pas seulement les domaines logiques, mathématiques ou métaphysiques, mais aussi celui des principes
moraux : « il n'y a ni ordre, ni loi, ni raison de bonté et de vérité
qui ne dépende [de Dieu] »[1]. Il semble que Descartes veuille
dire deux chose : d'une part, 1) que la force normative des
principes moraux dérive de leur statut de commandement
divin ; d'autre part 2) que le contenu des principes moraux (par
exemple, que le mensonge est un mal) est déterminé par le
libre choix de Dieu[2]. L'originalité du modèle légal est de
généraliser au vrai et à ses modalités ce qui vaut pour le bien.
La nécessité des vérités éternelles équivaut à l'obligation ou
à la contrainte des lois morales : la dureté du doit logique,
pour paraphraser Wittgenstein, s'explique chez Descartes par
l'instauration d'une norme librement voulue par Dieu. On
peut dire en ce sens que la TCVE repose sur une conception conventionnaliste de la nécessité, instaurée non par la
communauté humaine, mais par l'esprit divin.

Une conception non-cognitive des modalités ?

Jusqu'ici nous avons considéré la TCVE du point de vue de
Dieu. Mais cette doctrine a évidemment un pendant du côté de
la pensée humaine qu'il convient de préciser. S'il n'est pas
impossible à Dieu de faire une montagne sans une vallée, nous
ne pouvons en revanche le concevoir, précisément parce que
Dieu a librement instauré comme une vérité éternelle qu'une
montagne ne peut exister sans vallée. D'après une première

---

1. *Sixièmes réponses*, n° 8, AT IX, p. 235.
2. Dans son versant moral, la TCVE est beaucoup moins originale. Ce
volontarisme éthique a été défendu, entre autres, par Jean Duns Scot et
Ockham. G. Vázquez s'y oppose en revanche fermement.

interprétation, nous aurions ici deux types de modalités : les modalités divines, absolues, et celles qui sont accessibles à notre entendement fini. La difficulté est de déterminer les rapports entre les deux, ce qui relève d'un questionnement sur l'épistémologie modale : par quel moyen pouvons-nous justifier nos opinions sur ce qui est possible, impossible, nécessaire ou contingent ?

Mais il est possible de considérer autrement les affirmations de Descartes. La nécessité que nous attachons à certaines propositions, ou le fait que nous considérions telles essences comme possibles, pourrait découler de la constitution de l'esprit humain. C'est ce que soutient J. Bennett :

> Descartes a soutenu que nos concepts modaux devraient être compris et analysés en termes de ce qui se situe dans les limites de nos manières de penser. « Il est absolument nécessaire que *p* » signifie qu'aucun homme ne peut concevoir que *p* ait lieu tout en ayant *p* distinctement à l'esprit[1].

À l'appui de cette interprétation radicalement anticognitive de la TCVE, on peut citer les différents passages dans lesquels Descartes dit des vérités éternelles que Dieu les a implantées dans notre esprit comme des idées ou principes innés :

> Or il n'y en a aucune en particulier que nous ne puissions comprendre, si notre esprit se porte à la considérer, et elles sont toutes *mentibus nostris ingenitae* (innées en nos esprits), ainsi qu'un roi imprimerait ses lois dans le cœur de tous ses sujets, s'il en avait bien le pouvoir (AT I, 145).

1. « Descartes's Theory of Modality », *The Philosophical Review* 103 (1994), p. 639-667. M. Guéroult, *Descartes selon l'ordre des raisons*, ou J. Bouveresse, « Descartes, le bon sens, la logique et les vérités éternelles », dans *Essais V*, Marseille, Agone, 2006, p. 71 *sq.* ont une position contraire.

La création des vérités éternelles devrait alors se comprendre comme l'instauration par Dieu des lois du fonctionnement de notre esprit. La comparaison légale semble appuyer cette lecture : si les lois étaient imprimées dans le cœur des sujets, ils agiraient spontanément en conformité avec elles et il n'y aurait pas besoin de postuler d'autres lois extérieures, qui deviendraient redondantes. De la même façon donc, Dieu crée des esprits ayant une structure cognitive spécifique, qui les rend capables de concevoir un esprit sans un corps, mais incapables de concevoir une montagne sans une vallée. D'autres passages dans lesquels Descartes paraît abaisser le principe de contradiction à une simple loi de notre pensée vont dans ce sens. Ainsi, à propos d'une montagne sans vallée, « je dis seulement que telles choses impliquent contradiction en ma conception »[1]. Un passage des *Secondes réponses* semble décisif, puisque Descartes y soutient que la *source* de la possibilité dépend de *notre* capacité de concevoir :

> Ou bien par ce mot de possible vous entendez, comme l'on fait d'ordinaire, tout ce qui ne répugne point à la pensée humaine… ou bien vous feignez quelque autre possibilité, de la part de l'objet même, laquelle, si elle ne convient pas avec la précédente, ne peut jamais être connue par l'entendement humain (AT IX, 118).

Ce texte semble favoriser manifestement l'interprétation subjectiviste des modalités. La possibilité y est en effet identifiée à ce qui peut être conçu par l'esprit humain. Cependant, l'argument par lequel il exclut cette possibilité va à contre courant du projet des *Méditations*. Il nous dit en effet qu'une modalité extérieure à l'esprit humain pourrait ne pas

---

1. *À Arnauld*, 29 juillet 1648, AT V, p. 223.

s'accorder avec celui-ci et par conséquent que nous ne pourrions jamais savoir avec certitude si, en joignant les idées de toutes les perfections qui composent l'idée de Dieu nous aurions l'idée d'une chose réellement possible ou non, ou encore si, en assurant qu'il est nécessaire que 2 + 2 = 4 notre pensée correspondrait à une nécessité réelle. Certes, en conférant aux modalités un fondement subjectif, pareil doute est exclu. Mais précisément, sans une telle éventualité, le doute radical des *Méditations* deviendrait caduc (*cf.* AT IX, 16), et par là le projet même d'atteindre une vérité objective. En outre, Descartes nie explicitement que notre pensée « impose aux choses une quelconque nécessité » (AT IX, 53). Au contraire, la nécessité que nous reconnaissons, par exemple dans les propriétés du triangle, provient de l'essence du triangle lui-même, qui est indépendante de ma pensée (AT IX, 51). Cette essence ou « nature vraie et immuable » s'impose ainsi à l'esprit humain comme la source de ces attributions de nécessité ou d'impossibilité, en même temps que comme le fondement ontologique des modalités. Ainsi le concevable ne constitue pas le possible mais donne accès à des vérités modales instaurées par Dieu.

Concevoir et comprendre

Le texte qui nous a servi de point de départ, celui de la lettre à Mesland du 2 mai 1644 éclaire particulièrement ce point. A la différence des lettres de 1630, la TCVE y est traitée dans une perspective épistémologique : comment pouvons-nous concevoir cette théorie ? La question est en effet redoutable : parce qu'elle ébranle nos certitudes modales, la TCVE, si elle est vraie, est littéralement impensable. Descartes répond à ce défi en montrant que la TCVE repose sur deux thèses qui, séparément, ne posent pas de difficulté, mais dont la conjonction, implique la doctrine.

Le premier point est l'affirmation de la toute-puissance divine, absolue et sans borne. Nous l'avons déjà discuté. Le second concerne les principes de notre épistémologie modale. Il faut ici distinguer le possible et l'impossible. En ce qui concerne le premier, le principe est clair : Si je peux concevoir *p*, alors *p* est possible (= Dieu a créé *p* comme possible). Le seul critère de la conception est la possession d'une idée claire et distincte de *p*. Lorsque nous avons une idée confuse, nous pouvons à tort concevoir que *p* alors que *p* est impossible. Les idées de vide ou d'atome ainsi que nos idées sensibles sont des exemples d'idées confuses, et les idées mathématiques le paradigme des idées claires et distinctes. Dans le cas de l'impossibilité en revanche, on ne peut établir un principe analogue. En effet, si nous concevons *p* comme impossible, la considération de la toute-puissance divine nous assure que Dieu aurait pu faire en sorte que *p* soit possible et non pas impossible[1]. Comme l'écrit J. Bouveresse, « la théorie cartésienne a pour conséquence que, parmi nos intuitions modales, ce sont les intuitions d'impossibilité qui doivent être suspectées [...]. Nous n'avons pas de garantie de la valeur objective de nos intuitions modales, sauf en ce qui concerne le possible »[2]. Mais en s'arrêtant à ce point, la théorie paraît contradictoire : nous pouvons concevoir que Dieu peut faire que *non-p* soit vrai et ainsi concevoir la possibilité de *non-p* alors même que *non-p* est inconcevable.

---

1. Cf. *À Morus*, 5 février 1649, AT V, p. 272.
2. « La théorie du possible chez Descartes », p. 202-203.

Afin de sortir de cette impasse, il faut rappeler que Descartes distingue (au moins) deux modes de connaissance intellectuelle : la *compréhension* et l'*intellection*. Cette distinction est à l'œuvre chaque fois qu'il est question de l'infini[1]. Nous pouvons ainsi penser une série infinie, mais non la comprendre, en avoir une saisie complète, exhaustive, par exemple par énumération de tous ses membres. Au contraire, nous pouvons comprendre une essence finie. L'intellection est comme un toucher par la pensée (*attingere*), quand la compréhension est comparable au fait d'embrasser une chose intellectuelle. Et ce que nous ne parvenons pas à comprendre peut néanmoins être saisi intellectuellement et connu (AT VII, 52). Cette distinction permet d'éviter la contradiction apparente à laquelle conduit la TCVE : nous pouvons saisir (*intelligere*) que Dieu fasse ce qui est incompréhensible. Inversement « nous ne devons point » essayer de le comprendre.

La suite immédiate du texte rompt en apparence avec ce point de vue épistémologique initial, car elle se tourne vers le rapport entre la volonté divine et la nécessité : « Et encore que Dieu ait voulu que quelques vérités fussent nécessaires, ce n'est pas à dire qu'il les ait nécessairement voulues : car c'est tout autre chose de vouloir qu'elles fussent nécessaires, et de le vouloir nécessairement, ou d'être nécessité à le vouloir ». Ce passage se prête naturellement à une interprétation en termes

1. *Principes de la philosophie* I, § 26 et surtout *Méditation troisième*, AT VII, 46. En français concevoir traduit parfois *intelligere*, tandis que le latin *concipere* se situe du côté de la compréhension (*cf.* AT V, 154). *Cf.* J.-M. Beyssade, « Création des vérités éternelles et doute métaphysique », dans *Descartes au fil de l'ordre*, Paris, PUF, 2001 et I. McFetridge, « Descartes on Modality », dans *Logical Necessity*, essai IX.

de modalités itérées. Le principe qui autorise l'inférence de *LLp* à partir de *Lp* est un principe d'itération de l'opérateur de nécessité. Si on représente « Dieu veut que… » par l'opérateur *D*, alors il paraît accepter *DLp* (« Dieu a voulu que *p* soit nécessaire »), mais refuser *LDp* (« Dieu a nécessairement voulu que *p* »). Cela peut se comprendre comme un refus d'itérer la nécessité *LDLp* (« Dieu a nécessairement voulu qu'il soit nécessaire que *p* »). Il admet en revanche *DLp* & *MD~p* (« il est possible que Dieu ait voulu que non-*p* »). Substituons à *Lp* son équivalent logique *~M~p*. Mais l'impossible nous est inconcevable ; donc (en écrivant *C* pour « il est concevable que… »,) : *D~C~p* & *CD~p* (« Dieu a voulu qu'il soit inconcevable que *non-p* et il est concevable que Dieu ait voulu que *non-p* »). La contradiction est quasi-explicite. Aussi, afin de l'éviter, faut-il recourir à la distinction entre le compréhensible et l'intelligible (noté *I* ; on a alors *D~C~p* & *ID~p*, qui évite la contradiction).

Dans les lignes suivantes, Descartes semble restreindre l'affirmation selon laquelle rien n'est impossible à Dieu. Tout ce qui pourrait contredire sa toute-puissance semblerait absolument impossible, à la différence de ce qui concerne les créatures. Descartes donne pour exemple la création d'une créature indépendante de Dieu[1]. Il y aurait ainsi deux groupes de vérités éternelles, celles qui sont créées et d'autres qui, découlant de l'essence divine, sont absolument incréées[2]. En réalité, cette distinction n'a de valeur que du point de vue de la connaissance (« j'avoue bien qu'il y a des contradictions qui sont *si évidentes*, que nous ne les pouvons *représenter à notre*

---

1. Ailleurs il donne d'autres exemples comme la nécessité du passé, *à Morus*, 5 février 1649 (AT V, p. 273).

2. *Cf.* M. Guéroult, *Descartes selon l'ordre des raisons*, t. 2, p. 26-27.

esprit, sans que nous les jugions absolument impossibles »).
Nous concevons que Dieu aurait pu faire que les contradictoires soient vrais ensembles, bien que nous ne le comprenions
pas. En remontant d'un degré, on applique le même raisonnement à la toute-puissance de Dieu. Nous sommes incapables
de concevoir que Dieu soit à la fois tout-puissant et impuissant
(ce qui découle de l'hypothèse d'une créature indépendante),
parce que cela détruirait l'essence divine elle-même. Nous en
inférons l'impossibilité d'un tel état de choses et déclarons
absolue cette impossibilité. Mais la première étape de ce
raisonnement repose sur l'usage du principe de contradiction.
Or, que nous l'appliquions à Dieu ou aux autres choses, il n'en
est pas moins une vérité librement créée par Dieu lui-même.
La distinction entre deux types de vérités éternelles n'est donc
pas intrinsèque, mais relative à notre capacité de conception.

Pour conclure, il nous est apparu que la TCVE doit être
considérée comme une théorie à deux niveaux, irréductibles
l'un à l'autre.

1) Du point de vue de Dieu, les vérités sont librement
instituées et relèvent d'une forme de convention. Cette remarque doit d'ailleurs être nuancée par le propos final du texte de
la lettre à Mesland qui indique qu'il y a une simplicité absolue
de la nature divine : il n'y a donc pas à proprement parler de
distinction entre sa puissance, son entendement et sa volonté,
non plus qu'entre ses différentes actions. Profondément
imprégné de la tradition augustinienne, Descartes affirme que
l'instauration par Dieu des vérités est indissociable de la
connaissance qu'il en a [1].

---

1. Cf. *Lettre à Mersenne*, 27 mai 1630 : « car c'est en Dieu une même chose
de vouloir, d'entendre et de créer, sans que l'un précède l'autre, *ne quidem*

2) Du point de vue de l'esprit humain en revanche, la nécessité est constituée objectivement, indépendamment de lui, bien qu'il ait été créé par Dieu de telle sorte que ses capacités de conception puissent lui servir de guide pour la découverte des vérités modales.

Afin de conclure, en inscrivant la TCVE dans la perspective plus générale du projet philosophique de Descartes, nous pouvons suivre J. Bouveresse : « la science a pour but de connaître les propriétés, en particulier les propriétés nécessaires, de l'être créé. La doctrine de la création des vérités éternelles la met simplement en garde contre la tentation de vouloir connaître en plus les raisons et les intentions du créateur »[1].

ratione (pas même en raison) ». La filiation augustinienne et l'opposition à Duns Scot ne sauraient être plus claires.
1. « La théorie du possible chez Descartes », p. 211.

TABLE DES MATIÈRES

TEXTES ET COMMENTAIRES

DANS LA MÊME COLLECTION

ACHEVÉ D'IMPRIMER
EN AVRIL 2009
PAR L'IMPRIMERIE
DE LA MANUTENTION
A MAYENNE
FRANCE
N° 86-09

Dépôt légal : 2ᵉ trimestre 2009